行ってみよう

中国語への旅

世界遺産へようこそ

山下 輝彦

黄　漢青

Welcome to China's World Heritage

朝日出版社

音声ダウンロード

 音声再生アプリ「リスニング・トレーナー」新登場（無料）

朝日出版社開発のアプリ、「リスニング・トレーナー（リストレ）」を使えば、教科書の音声をスマホ、タブレットに簡単にダウンロードできます。どうぞご活用ください。

まずは「リストレ」アプリをダウンロード

▶ App Store はこちら　　　▶ Google Play はこちら

アプリ【リスニング・トレーナー】の使い方

❶ アプリを開き、「コンテンツを追加」をタップ

❷ QRコードをカメラで読み込む

❸ QRコードが読み取れない場合は、画面上部に 45332 を入力し「Done」をタップします

パソコンからも以下のURLから音声をダウンロードできます

http://audiobook.jp/exchange/asahipress

▶ 音声ダウンロード用のコード番号【45332】

※ audiobook.jp への会員登録（無料）が必要です。すでにアカウントをお持ちの方はログインしてください。

QRコードは㈱デンソーウェーブの登録商標です

Webストリーミング音声

http://text.asahipress.com/free/ch/sekaiisan

まえがき

　本テキストは、中国語を学ぶ人のための初級教科書です。全12課で、各課は目安として大学の授業2回分(計24回分)です。試験や復習、文化紹介にも時間を割きながら、大学の一年間の授業30回で余裕をもって進められるように構成されています。

　各課の課文は覚えやすく、新しすぎず、古すぎないスタンダードで自然な会話文を目指しました。本書は、自然な会話表現による学習を目指しており、多くの教科書では後の方にならないと現れない文法事項が、だいぶ前の方に現れることもありますが、一年間学習した時点で、必須のものが身についていればよいと考えています。このように吟味した会話文ですので、ぜひ課文を丸暗記して、口をついて言えるように学習していただきたいと思います。

　一方で、短い課文を補うために、文法ポイントや練習問題では、文を比較的長くして、語彙も増やすようにしました。練習問題がむずかしいように見えますが、課文のパターンを様々なバリエーションで繰り返しているだけですので、さほど負担を感じないと思います。

　このテキストの最も大きな特徴は、タイトルの通り、中国の世界遺産を紹介するページがあることです。カラフルな世界遺産の写真とその解説は、中国の全省を回り、中国の世界遺産に精通しているNPO法人日中交流倶楽部理事長 杉本静夫氏にお願いしました。雄大な中国の歴史や文化を想起させる写真を見ながら中国語の音声を聴くことは、感性を刺激し、記憶の定着につながります。杉本氏のご助力に心より感謝いたします。

　語学学習の目的は、異文化を理解したり、異国人とコミュニケーションをとることです。この教科書で中国語を勉強して、簡単な会話ができるようになったら、ぜひスケールの大きい中国の世界遺産を訪れてほしいと思っています。人間の築きあげた文化の素晴らしさや、人の懐の深さを知れば、人生がより豊かになるに違いありません。

2019年 9月

著者

目 次

発 音

1 声調
01

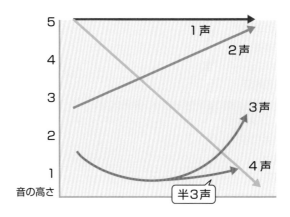

第1声	第2声	第3声	第4声
mā	**má**	**mǎ**	**mà**
妈	麻	马	骂

練習
ā	á	ǎ	à
dā	dá	dǎ	dà
搭	答	打	大

2 母音
02

単母音	a	o	e

練習
tā 他	bō 波	gē 哥
bā 八	mò 墨	hē 喝

単母音	i	u	ü	er

練習
qī 七	kū 哭	nǚ 女	èr 二
mì 蜜	mù 木	lǜ 绿	ér 儿

二重母音	ai	ei	ao	ou

練習
lái 来	gěi 给	hǎo 好	hòu 厚
bái 白	měi 美	pǎo 跑	zǒu 走

二重母音	ia	ie	ua	uo	üe
練習	jiā 家 xià 夏	xiě 写 miè 灭	guā 瓜 huā 花	guó 国 duō 多	yuè 月 xué 学

三重母音	iao	iou	uai	uei
練習	yào 要 xiǎo 小	liù 六 jiǔ 九	wài 外 huài 坏	huí 回 duì 对

鼻母音	an	ang	en	eng	in	ing
練習	kàn 看 lán 蓝	kàng 炕 láng 狼	bèn 笨 mén 门	bèng 蹦 lěng 冷	jìn 近 nín 您	jìng 静 qīng 轻

鼻母音	ian	iang	uan	uang
練習	xiàn 现 jiàn 见	xiàng 向 qiáng 强	wàn 万 kuān 宽	wàng 忘 wáng 王

鼻母音	uen	ueng	üan	ün	ong	iong
練習	wēn 温 cūn 村	wēng 翁 wēng 嗡	quán 全 huān 欢	qún 群 jūn 军	hóng 红 dōng 东	xióng 雄 qióng 穷

3 子音

唇音	b	p	m	f	(o)
練習	bā 八 bá 拔	pā 趴 pà 怕	mā 妈 mǎ 马	fā 发 fēi 非	

03

舌尖音	d	t	n	l	(e)

練習
dà 大　　tā 她　　nà 那　　là 辣
dào 道　táo 桃　ná 拿　　lā 拉

舌根音	g	k	h	(e)

練習
gē 哥　　kè 课　　hé 和
gè 各　　kè 克　　hē 喝

舌面音	j	q	x	(i)

練習
jī 机　　qī 七　　xī 西
jiē 接　qiē 切　xiē 些

捲舌音	zh	ch	sh	r	(i)

練習
zhī 芝　chī 吃　shī 师　rì 日
zhè 这　chū 出　shì 事　rè 热

舌歯音	z	c	s	(i)

練習
zì 字　　cì 刺　　sì 四
zài 再　cài 菜　sài 赛

有気音と無気音

b ↔ p　　d ↔ t　　g ↔ k
j ↔ q　　zh ↔ ch　z ↔ c

無気音	b		o
有気音	p	息	o

04 **4** 変調

1 第3声の変調

(a) 第3声＋第1声、第2声、第4声　変調しない。

hǎochī	好吃
hǎorén	好人
hǎokàn	好看

(b) 第3声＋第3声　→　第2声＋第3声

hǎo jiǔ　→

好 酒

* 声調符号はそのまま

2 〈一〉yī の変調

〈一〉yī ＋第1声、第2声、第3声　→　〈一〉yì ＋第1声、第2声、第3声

　　yì bēi 一杯　　　　yì pán 一盘　　　yì wǎn 一碗

〈一〉yī ＋第4声　→　〈一〉yí ＋第4声

　　yí piàn 一片

* 序数の場合は変調しない。

　　yì bēi 一杯　→　dì yī bēi 第一杯

3 〈不〉bù の変調

〈不〉bù ＋第1声、第2声、第3声　変調しない。

　　bù chī 不吃　　　bù máng 不忙　　　bù hǎo 不好

〈不〉bù ＋第4声　→　〈不〉bú ＋第4声

　　bú qù 不去

05 **5** 軽声

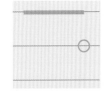 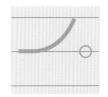  

māma 妈妈　　　yéye 爷爷　　　jiějie 姐姐　　　dìdi 弟弟

6 〈儿〉化

| | | 綴り | 実際の発音 |

(a) -a, -o, -e, -u + r　　　　花 huā　→　花儿 huār　（huār）

　　　　　　　　　　　　　猴 hóu　→　猴儿 hóur　（hóur）

(b) i, ü + r　　　　　　　　鸡 jī　　→　鸡儿 jīr　　（jiēr）

(c) -ai, -ei, -an, -en + r　　盖 gài　→　盖儿 gàir　（gàr）

　　　　　　　　　　　　　泪 lèi　　→　泪儿 lèir　（lèr）

　　　　　　　　　　　　　篮 lán　→　篮儿 lánr　（lár）

(d) in, ün + r　　　　　　　信 xìn　→　信儿 xìnr　（xìr）

　　　　　　　　　　　　　群 qún　→　群儿 qúnr　（qúr）

(e) -ng + r　　　　　　　　忙 máng　→　忙儿 mángr　（mãr）　* 「～」は鼻音化を表す

　　　　　　　　　　　　　影 yǐng　→　影儿 yǐngr　（yĩr）

(f) zh, ch, sh, r, z, c, s の後の i + r

　　　　　　　　　　　　　汁 zhī　→　汁儿 zhīr　（zhēr）

　　　　　　　　　　　　　事 shì　→　事儿 shìr　（shèr）

　　　　　　　　　　　　　刺 cì　　→　刺儿 cìr　　（cèr）

ピンイン表記のルール

(a) **i, u, ü**

　①音節の冒頭にある場合

　　　i:y に書き換える　　　　iān → yān

　　　u:w に書き換える　　　　uān → wān

　　　ü:yu に書き換える　　　üān → yuān

　②j, q, x の後の ü を u に書き換える

　　　jǖ → jū　　　qǚ → qū　　　xǚ → xū

(b) **iou, uei** は音節の中ではそれぞれ **iu, ui** とつづる。

　　　l + iōu → liū　　　h + uēi → huī

(c) 声調符号の付け方

　　①母音に付ける。

　　　mā　　gē　　jī

②複合母音では、a があれば、a に、a がなければ o か e に付ける。

    āi   bō   hēi   gōu   jiē

③ i, u 両方ある場合は後ろに付ける。

    qiū   huī

(d) **a, o, e で始まる音節が他の音節の後に続く場合、音節の境目をはっきりさせるためにその間に隔音符号「'」を入れる。**

    西安 Xī'ān   天安门 Tiān'ānmén   金额 jīn'é

7 二音節の声調の組み合わせ

07

	第1声	第2声	第3声	第4声	軽声
第1声	gōngsī 公司	gōngyuán 公园	hēibǎn 黑板	shāngdiàn 商店	zhuōzi 桌子
第2声	máojīn 毛巾	xuéxí 学习	píjiǔ 啤酒	tóngyì 同意	míngzi 名字
第3声	shǒujī 手机	měiyuán 美元	shǒubiǎo 手表	kělè 可乐	jiǎozi 饺子
第4声	miànbāo 面包	bàngqiú 棒球	diànnǎo 电脑	jiàoshì 教室	dìdi 弟弟

8 漢詩

08

Chūnxiǎo
春晓

Mèng Hàorán
孟浩然

Chūn mián bù jué xiǎo
春 眠 不 觉 晓

Chù chù wén tí niǎo
处 处 闻 啼 鸟

Yè lái fēng yǔ shēng
夜 来 风 雨 声

Huā luò zhī duō shǎo
花 落 知 多 少

発音

練習問題

09 **1** 発音を聞いてピンインに声調をつけなさい。

(1) nin　　(2) lü　　(3) de　　(4) jia　　(5) wen

(6) ma　　(7) liu　　(8) hao　　(9) hui　　(10) zhi

10 **2** 発音を聞いて（　　）内にピンインを書きなさい。

(1) （　　）à　　(2) （　　）ài　　(3) h（　　　）　　(4) d（　　）　　(5) h（　　）

(6) （　　）ī　　(7) （　　）ī　　(8) （　　）ǔ　　(9) x（　　　）　　(10) （　　）iào

11 **3** 発音を聞いてピンインを書きなさい。

(1) ....　　(2) ....　　(3) ....　　(4) ....

(5) ....　　(6) ....　　(7) ....　　(8) ....

12 **4** 声調の違いに気をつけて発音しなさい。

(1) 同意　　统一　　　　(2) 教室　　教师　　　　(3) 美丽　　魅力
　　tóngyì　　tǒngyī　　　　jiàoshì　　jiàoshī　　　　měilì　　mèilì

(4) 化学　　滑雪　　　　(5) 大家　　打架
　　huàxué　　huáxuě　　　　dàjiā　　dǎjià

13 **5** 発音練習 (1)

(1) 初次见面　　　　(2) 请多关照　　　　　(3) 不见不散　　　　(4) 恭喜恭喜
　　chūcì jiànmiàn　　　qǐng duō guānzhào　　bú jiàn bú sàn　　　gōngxǐ gōngxǐ
　　（はじめまして）　　（どうぞ宜しく）　　　（会えるまで待っている）　　（おめでとう）

(5) 一路平安　　　　(6) 好久不见　　　　　(7) 欢迎欢迎　　　　(8) 哪里哪里
　　yílù píng'ān　　　hǎojiǔ bú jiàn　　　huānyíng huānyíng　　nǎlǐ nǎlǐ
　　（道中ご無事に）　　（お久しぶり）　　　（いらっしゃい）　　　（どういたしまして）

発音

(1)

你好！
Nǐ hǎo!
こんにちは。

您好！
Nín hǎo!
こんにちは。

（初対面或いは
目上の人に使う）

(2) 你们好！
Nǐmen hǎo!
皆さん、こんにちは。

老师好！
Lǎoshī hǎo!
先生、こんにちは。

(3) 谢谢！
Xièxie!
ありがとう。

不谢。/ 不客气。
Bú xiè. / Bú kèqi.
どういたしまして。

(4) 对不起。
Duìbuqǐ.
すみません。

没关系。
Méiguānxi.
大丈夫ですよ。

请坐。
Qǐng zuò.
おかけください。

(5) 谢谢！
Xièxie!
ありがとう。

好的。
Hǎo de.
いいですよ。

(6) 麻烦你。
Máfan nǐ.
お手数をおかけします。

COPY

(7) 辛苦了。
Xīnkǔ le.
お疲れ様。

没什么。
Méishénme.
どういたしまして。

再见！
Zàijiàn!
さようなら。

明天见！
Míngtiān jiàn!
また明日。

(8)

品詞略語一覧

名	名詞
代	代名詞
疑	疑問代名詞
動	動詞
助動	助動詞
数	数詞
量	量詞
形	形容詞
副	副詞
前	前置詞
接	接続詞
助	助詞
感	感嘆詞
語	語気詞

你 好
Nǐ hǎo

1

15 ●出会う。

A 你 好。
  Nǐ hǎo.

B 你 好。
  Nǐ hǎo.

A 我 叫 李 涛, 你 叫 什么 名字?
  Wǒ jiào Lǐ Tāo, nǐ jiào shénme míngzi?

B 我 姓 张, 叫 张 子林。
  Wǒ xìng Zhāng, jiào Zhāng Zǐlín.

A 你 是 上海人 吗?
  Nǐ shì Shànghǎirén ma?

B 我 不 是 上海人, 是 北京人。
  Wǒ bú shì Shànghǎirén, shì Běijīngrén.

A 你 的 专业 是 什么?
  Nǐ de zhuānyè shì shénme?

B 历史。 你 呢?
  Lìshǐ. Nǐ ne?

A 我 的 专业 是 社会学。
  Wǒ de zhuānyè shì shèhuìxué.

16  新出語句

☐ 你好 nǐ hǎo こんにちは
☐ 我 wǒ 代 私
☐ 叫 jiào 動 名前は～という
☐ 李 Lǐ 名 李(苗字)
☐ 涛 Tāo 名 涛(名前)
☐ 你 nǐ 代 あなた
☐ 什么 shénme 疑 なに、どんな

☐ 名字 míngzi 名 名前
☐ 姓 xìng 動 苗字は～という
☐ 张 Zhāng 名 張(苗字)
☐ 子林 Zǐlín 名 子林(名前)
☐ 是 shì 動 ～です。～だ
☐ 上海人 Shànghǎirén 名 上海人
☐ 吗 ma 語 ～か

☐ 不 bù 副 ～ではない。～しない
☐ 北京人 Běijīngrén 名 北京人
☐ 的 de 助 ～の
☐ 专业 zhuānyè 名 専攻
☐ 历史 lìshǐ 名 歴史
☐ 呢 ne 語 ～は?
☐ 社会学 shèhuìxué 名 社会学

ポイント 🐼

1 名前の聞き方 "姓～／叫～" 「苗字は／名前は～といいます」

1) 我姓张，叫张子林。
   Wǒ xìng Zhāng, jiào Zhāng Zǐlín.

2) 他姓铃木，叫铃木一郎。
   Tā xìng Língmù, jiào Língmù Yīláng.

他 tā 彼

3) 我叫佐藤正二。
   Wǒ jiào Zuǒténg Zhèng'èr.

2 動詞"是" 「～です。～だ。」

1) 我是上海人。
   Wǒ shì Shànghǎirén.

2) 他的专业是经济学。
   Tā de zhuānyè shì jīngjìxué.

3) 我们是日本人。
   Wǒmen shì Rìběnrén.

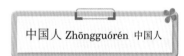
经济学 jīngjìxué 経済学
我们 wǒmen 私たち
日本人 Rìběnrén 日本人

3 疑問文："吗"と疑問詞疑問文 「～か」

1) 你是中国人吗？
   Nǐ shì Zhōngguórén ma?

中国人 Zhōngguórén 中国人

2) 他是北京人吗？
   Tā shì Běijīngrén ma?

3) 你叫什么名字？
   Nǐ jiào shénme míngzi?

4 "的"の使い方 「～の」

1) 我的专业是社会学。
   Wǒ de zhuānyè shì shèhuìxué.

2) 她的名字叫田中由美。
   Tā de míngzi jiào Tiánzhōng Yóuměi.

3) 经济学是我的专业。
   Jīngjìxué shì wǒ de zhuānyè.

她 tā 彼女

5 短縮疑問文 "呢" 「～は？」

1) 我是美国人，你呢？
   Wǒ shì Měiguórén, nǐ ne?

2) 他们的专业是文学，你们呢？
   Tāmen de zhuānyè shì wénxué, nǐmen ne?

3) 我姓李，你呢？
   Wǒ xìng Lǐ, nǐ ne?

美国人 Měiguórén アメリカ人
他们 tāmen 彼ら
文学 wénxué 文学

19 **①** 発音を聞いて簡体字かピンインを書きなさい。

(1) Zhōngguó　　(2) 姓　　(3) wǒmen　　(4) 什么

　　.............................　.............................　.............................　.............................

(5) jiào　　(6) 专业　　(7) shèhuìxué　　(8) 你好

　　.............................　.............................　.............................　.............................

20 **②** 音声を聞いて　　　から語を選び、文を完成しなさい。

(1) 你们（　　　　）日本人吗？　不，我们（　　　　）中国人。

(2) 我（　　　　）专业（　　　　）社会学，你（　　　　）?

(3) 她（　　　　）佐藤，名字（　　　　）佐藤由美。

(4) 你的（　　　　）是铃木一郎（　　　　）?

> 名字　的　姓　叫　吗　是　呢

③ 日本語の意味になるように [　　] 内の語句を並べ替えて文を作りなさい。

(1) 彼の苗字は李で、李涛といいます。
[李涛　他　李　姓　叫]

　　...

(2) 私の専門は歴史ではなく、社会学です。
[社会学　是　的　专业　历史　是　我　不]

　　...

(3) あなたは上海人ですか。——私は北京人です。
[北京人　是　你　吗　上海人　是　我]

　　...

(4) 私の苗字は鈴木で、佐藤ではありません。
[铃木　姓　我　不　佐藤　姓]

　　...

4 次のピンインの文を簡体字に直し、日本語に訳しなさい。

(1) Lǐ Tāo bú shì Běijīngrén, shì Shànghǎirén.

....

(2) Wǒ de zhuānyè shì jīngjìxué, bú shì lìshǐ.

....

(3) Tā xìng shénme, jiào shénme míngzi?

....

(4) Tā shì Rìběnrén, jiào Zuǒténg Yīláng.

....

★下の語を使って会話練習をしなさい。

(1) A: 你是 .... 吗？

　　B: 我是 ....。你呢？

(2) A: 你是 .... 吗？

　　B: 我不是 ...., 是 ....。你呢？

医生 yīshēng
医者

护士 hùshi
看護師

律师 lùshī
弁護士

歌手 gēshǒu
歌手

记者 jìzhě
記者

世界遺産で知る中国

故宮と万里の長城

北京には多くの文化遺産がありますが、その中でも故宮（紫禁城）、万里の長城、天壇、明の十三陵（明・清の皇帝陵墓群）、頤和園、周口店の北京原人遺跡の6ケ所が世界文化遺産に登録されています。ここでは特に観光客に人気の高い世界文化遺産4ケ所と円明園、盧溝橋を紹介します。

故宮（故宮 Gùgōng）

かつて紫禁城と呼ばれた世界最大の宮殿。東京ドーム約15個分の敷地に部屋数が8700室あるというので驚きだ。内部を参観するだけでなく、晴れたに日に、神武門の北にある景山公園の景山に登り、頂上から全容を一望するのもおすすめ。

万里の長城（万里长城 Wànlǐ Chángchéng）

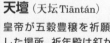

言わずと知れた龍に例えられる中国の象徴的文化遺産。「不到長城非好漢（長城に行かなければ立派な男ではない）」といわれ、中国人なら男性だけでなく女性も一生のうち一度は行ってみたい場所だ。

天壇（天坛 Tiāntán）

皇帝が五穀豊穣を祈願した場所。祈年殿は釘が1本も使われていない木造建造物だ。

北京

山も湖も人工物だというから、スゴイ！

● 円明園
（圆明园 Yuánmíngyuán）

西洋風の清朝の離宮跡。廃墟となっているが西洋楼遺址は一見の価値がある。

● 盧溝橋（卢沟桥 Lúgōuqiáo）

マルコ・ポーロが「世界一美しい橋」と絶賛。日中戦争の勃発地としても有名。

501基の獅子像が居並ぶ欄干は圧巻。

頤和園（颐和园 Yíhéyuán）

乾隆帝が江南地方の風景を模して造営し、西太后が再建。

第 2 课
Dì èr kè

借 书
Jiè shū

2

● 授業が終わって学生が教室から出てくる。
21

A 你 去 哪儿？ 宿舍 还是 图书馆？
　Nǐ qù nǎr? Sùshè háishi túshūguǎn?

B 我 去 图书馆。
　Wǒ qù túshūguǎn.

A 正好 我 也 想 去 图书馆。
　Zhènghǎo wǒ yě xiǎng qù túshūguǎn.

B 那 咱们 一起 去 吧。
　Nà zánmen yìqǐ qù ba.

A 好。 你 去 图书馆 干 什么？
　Hǎo. Nǐ qù túshūguǎn gàn shénme?

B 借 书。
　Jiè shū.

A 你 打算 借 什么 书？
　Nǐ dǎsuàn jiè shénme shū?

B 《中国 的 世界 遗产》。
　《Zhōngguó de shìjiè yíchǎn》.

●　新出語句
22

□ 去 qù 動 行く
□ 哪儿 nǎr 疑 どこ
□ 宿舍 sùshè 名 宿舎、寮
□ 还是 háishi 接 〜かそれとも…か
□ 图书馆 túshūguǎn 名 図書館
□ 正好 zhènghǎo 副 ちょうど
□ 也 yě 副 〜も、また

□ 想 xiǎng 助動 〜したい
□ 那 nà 接 それでは
□ 咱们 zánmen 代 私たち(相手を含めていう)
□ 一起 yìqǐ 副 一緒に
□ 吧 ba 語 〜しましょう
□ 好 hǎo 形 よい、結構

□ 干 gàn 動 〜する
□ 借 jiè 動 借りる
□ 书 shū 名 本
□ 打算 dǎsuàn 動 〜するつもり
□ 世界 shìjiè 名 世界
□ 遗产 yíchǎn 名 遺産

ポイント

1 動詞述語文

[肯定] **主語** + **動詞** + **目的語** など　　[否定] **主語** + **不** + **動詞** + **目的語** など

　　我　去　图书馆。　　　　　　　　我　不　去　宿舍。
　　Wǒ　qù　túshūguǎn.　　　　　　Wǒ　bú　qù　sùshè.

1) 我们去北京，他们去上海。
   Wǒmen qù Běijīng, tāmen qù Shànghǎi.

2) 你们也学习中文吗？
   Nǐmen yě xuéxí Zhōngwén ma?

3) 我们不喝咖啡。
   Wǒmen bù hē kāfēi.

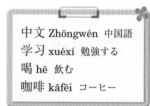

中文 Zhōngwén 中国語
学习 xuéxí 勉強する
喝 hē 飲む
咖啡 kāfēi コーヒー

2 選択疑問詞 "～还是…" 「～ですか，それとも…ですか」

1) 你们是中国人还是日本人？
   Nǐmen shì Zhōngguórén háishi Rìběnrén?

2) 你喝咖啡还是喝红茶？
   Nǐ hē kāfēi háishi hē hóngchá?

3) 你们学社会学还是经济学？
   Nǐmen xué shèhuìxué háishi jīngjìxué?

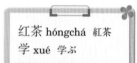

红茶 hóngchá 紅茶
学 xué 学ぶ

3 助動詞 "想" 「～したい」

1) 我想看电影。
   Wǒ xiǎng kàn diànyǐng.

2) 他不想去图书馆。
   Tā bù xiǎng qù túshūguǎn.

3) 你想吃饺子还是面条？
   Nǐ xiǎng chī jiǎozi háishi miàntiáo?

看 kàn 見る
电影 diànyǐng 映画
吃 chī 食べる
饺子 jiǎozi 餃子
面条 miàntiáo 麺

4 語気助詞"吧" 「〜しましょう」「〜してください」「〜でしょう」

1) 咱们一起去宿舍吧。

Zánmen yìqǐ qù sùshè ba.

明天 míngtiān 明日
来 lái 来る

2) 你们明天来吧。

Nǐmen míngtiān lái ba.

3) 他不是上海人吧。

Tā bú shì Shànghǎirén ba.

5 連動文

1) 我想去图书馆看书。

Wǒ xiǎng qù túshūguǎn kàn shū.

中午 zhōngwǔ 昼
吃饭 chīfàn 食事する
下午 xiàwǔ 午後
买 mǎi 買う
东西 dōngxi 品物

2) 中午你们来吃饭吧。

Zhōngwǔ nǐmen lái chīfàn ba.

3) 下午我们去买东西。

Xiàwǔ wǒmen qù mǎi dōngxi.

1 発音を聞いて簡体字かピンインを書きなさい。

25

(1) sùshè　　　(2) 干　　　(3) háishi　　　(4) 一起

_____　　_____　　_____　　_____

(5) zánmen　　(6) 遗产　　(7) dǎsuàn　　(8) 图书馆

_____　　_____　　_____　　_____

2 音声を聞いて [____] から語を選び、文を完成しなさい。

26

(1) (　　　　) 咱们 (　　　　) 去吧。

(2) 你 (　　　　) 宿舍 (　　　　) 图书馆？

(3) 他 (　　　　) 借 (　　　　) 书？

(4) (　　　　) 我也想去 (　　　　) 书。

一起　那　去　什么　借　正好　打算　还是

3 日本語の意味になるように [　　] 内の語句を並べ替えて文を作りなさい。

(1) あなた方はコーヒーを飲みますか、それとも紅茶を飲みますか。
[咖啡　红茶　喝　你们　还是　喝]

_____

(2) 明日私たちは映画を見に行きたい。
[电影　想　看　我们　明天　去]

_____

(3) 私たちは午後に図書館に本を読みに行きましょう。
[吧　书　图书馆　看　下午　咱们　去]

_____

(4) ちょうど私も麺を食べたいと思っています。
[面条　想　我　吃　也　正好]

—

_____

4 次のピンインの文を簡体字に直し、日本語に訳しなさい。

(1) Nà zánmen yìqǐ qù túshūguǎn ba.

....

(2) Wǒ dǎsuàn qù kàn Zhōngguó de shìjiè yíchǎn.

....

(3) Nǐmen míngtiān zhōngwǔ lái ba.

....

(4) Nǐmen xiǎng hē kāfēi háishi hóngchá?

....

★下の語を使って会話練習をしなさい。

A: 你去 .... 还是 .... ？

B: 我去 .... ，你呢？

A: 我 .... 。

银行 yínháng
銀行

邮局 yóujú
郵便局

医院 yīyuàn
病院

咖啡店 kāfēidiàn
カフェ

便利店 biànlìdiàn
コンビニエンスストア

酒店 jiǔdiàn
ホテル

兵馬俑 と 始皇帝陵

西安はかつて長安と呼ばれた古都で、紀元前11世紀から約2000年間、秦、漢、隋、唐など歴代王朝の都として繁栄してきました。始皇帝、漢の武帝、則天武后、楊貴妃など多くの英雄やヒロインが活躍した場所でもあるため、多くの文化遺産があります。

西安

秦始皇帝陵

秦始皇帝陵 （秦始皇陵 Qínshǐhuánglíng）

初めて中国を統一し、秦王朝を築いた始皇帝の陵墓で「世界三大陵墓」のひとつ。『史記』によると地下に宮殿があり、水銀の河が流れ、自動発射の弓が置いてあるらしい。これでは恐ろしくて盗掘できません！

兵馬俑 （兵马俑 Bīngmǎyǒng）

始皇帝の陵墓を守るために制作された等身大の陶器。現在、8000体もの兵士俑が出土していて、それらすべてが、かつての敵国のあった東向きに配置されている。さらに異民族の顔立ちの俑もあり、顔立ちすべてが違うというから、スゴすぎる！

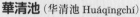
兵馬俑

大雁塔 （大雁塔 Dàyàntǎ）

玄奘三蔵ゆかりの西安のシンボル。高さが64mの七層の塔で、塔頂に登れば西安市内を一望できる。耳をすませば玄奘が翻訳した般若心経が聞こえてきそうだ。

華清池 （华清池 Huáqīngchí）

唐の玄宗皇帝と楊貴妃のロマンスで有名な温泉地。温泉は現在でも入浴できる。

楊貴妃のお風呂。

乾陵 （乾陵 Qiánlíng）

夫婦で皇帝になった唐の第3代皇帝・高宗とその皇后・則天武后の合葬墓。

則天武后は中国史上唯一の女帝です。

买 衣服
Mǎi yīfu

●ストアで。

27

A 这 件 衣服 真 漂亮。
Zhè jiàn yīfu zhēn piàoliang.

B 这 是 最 新 的 款式。
Zhè shì zuì xīn de kuǎnshì.

A 多少 钱?
Duōshao qián?

B 一千 七百 六十五 块。
Yìqiān qībǎi liùshiwǔ kuài.

A 太 贵 了。 那 件 呢?
Tài guì le. Nà jiàn ne?

B 哪 件? 是 不 是 这 件?
Nǎ jiàn? Shì bu shì zhè jiàn?

A 不 是。 是 带 黄山 图案 的 那 件。
Bú shì. Shì dài Huángshān tú'àn de nà jiàn.

B 那 件 便宜, 四百 二十。
Nà jiàn piányi, sìbǎi èrshí.

28 新出語句

☐ 这 zhè 代 この、これ
☐ 件 jiàn 量 枚、件
☐ 衣服 yīfu 名 服
☐ 真 zhēn 副 本当に
☐ 漂亮 piàoliang 形 きれい
☐ 最 zuì 副 もっとも、一番
☐ 新 xīn 形 新しい
☐ 款式 kuǎnshì 名 デザイン
☐ 多少 duōshao 疑 いくつ、いくら
☐ 钱 qián 名 お金

☐ 一 yī 数 一
☐ 千 qiān 数 千
☐ 七 qī 数 七
☐ 百 bǎi 数 百
☐ 六 liù 数 六
☐ 十 shí 数 十
☐ 五 wǔ 数 五
☐ 块 kuài 名 元
☐ 太~了 tài~le
　　副 あまりにも~だ

☐ 贵 guì 形 (値段が) 高い
☐ 那 nà 代 あの、あれ
☐ 哪 nǎ 代 どの、どれ
☐ 带 dài 動 付いている
☐ 黄山 Huángshān 名 黄山
☐ 图案 tú'àn 名 図案、絵
☐ 便宜 piányi 形 安い
☐ 四 sì 数 四
☐ 二 èr 数 二

1 量詞

指示代名詞＋数詞＋量詞＋名詞

<table>
<tr><td>这</td><td>一</td><td>件</td><td>衣服</td></tr>
<tr><td>zhè</td><td>yí</td><td>jiàn</td><td>yīfu</td></tr>
</table>

个 gè	[個]	这（一）个人 zhè (yí) ge rén	那两个学生 nà liǎng ge xuésheng
件 jiàn	[枚、件]	这三件衣服 zhè sān jiàn yīfu	那四件事情 nà sì jiàn shìqing
张 zhāng	[枚、台]	这五张纸 zhè wǔ zhāng zhǐ	那六张桌子 nà liù zhāng zhuōzi
本 běn	[冊]	九本书 jiǔ běn shū	十本杂志 shí běn zázhì
条 tiáo	[本]	这（一）条领带 zhè (yì) tiáo lǐngdài	那两条路 nà liǎng tiáo lù

两 liǎng 二	纸 zhǐ 紙	领带 lǐngdài ネクタイ
学生 xuésheng 学生	桌子 zhuōzi テーブル	路 lù 道
事情 shìqing 用事	杂志 zázhì 雑誌	

2 形容詞述語文

[肯定] 名詞 ＋ （很など）＋形容詞

<table>
<tr><td>这</td><td>件</td><td>衣服</td><td>真</td><td>漂亮。</td></tr>
<tr><td>Zhè</td><td>jiàn</td><td>yīfu</td><td>zhēn</td><td>piàoliang.</td></tr>
</table>

[否定] 名詞 ＋ 不＋形容詞

<table>
<tr><td>这</td><td>件</td><td>衣服</td><td>不</td><td>漂亮。</td></tr>
<tr><td>Zhè</td><td>jiàn</td><td>yīfu</td><td>bú</td><td>piàoliang.</td></tr>
</table>

1) 今天热，昨天不热。
   Jīntiān rè, zuótiān bú rè.

2) 那件衣服很便宜。
   Nà jiàn yīfu hěn piányi.

3) 中国的黄山非常美丽。
   Zhōngguó de Huángshān fēicháng měilì.

今天 jīntiān 今日	非常 fēicháng 非常に
热 rè 暑い	美丽 měilì 美しい
昨天 zuótiān 昨日	

3 数と金額、年月日のいい方

一	二	三	四	五	六	七	八	九	十	十一	十二	…	十九
yī	èr	sān	sì	wǔ	liù	qī	bā	jiǔ	shí	shíyī	shí'èr		shíjiǔ

二十	二十一	九十九	一百	一千	一万	二百	两千	两万
èrshí	èrshiyī	jiǔshíjiǔ	yìbǎi	yìqiān	yíwàn	èrbǎi	liǎngqiān	liǎngwàn

元(/块)	角(/毛)	分	一百六十五元(/块)三角(/毛)七分
yuán (/kuài)	jiǎo (/máo)	fēn	yìbǎi liùshiwǔ yuán (/kuài) sān jiǎo (/máo) qī fēn

一月	二月	三月	四月	五月	六月
yī yuè	èr yuè	sān yuè	sì yuè	wǔ yuè	liù yuè

七月	八月	九月	十月	十一月	十二月
qī yuè	bā yuè	jiǔ yuè	shí yuè	shíyī yuè	shí'èr yuè

年	月	日(/号)	2020 年 5 月 18 日(/号)
nián	yuè	rì (/hào)	èr líng' èr líng nián wǔ yuè shíbā rì (/hào)

4　"太〜了"「あまりにも〜だ」「本当に〜だ」（強調表現）

1) 这个款式太漂亮了。
Zhège kuǎnshì tài piàoliang le.

2) 你的这件衣服太大了。
Nǐ de zhè jiàn yīfu tài dà le.

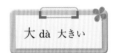

大 dà 大きい

3) 太好了。 正好我也想去图书馆。
Tài hǎo le. Zhènghǎo wǒ yě xiǎng qù túshūguǎn.

5　反復疑問文

肯定 + 否定

是	不	是	这	件?
Shì	bu	shì	zhè	jiàn?

1) 中午你们吃不吃拉面？
Zhōngwǔ nǐmen chī bu chī lāmiàn?

2) 今天热不热？
Jīntiān rè bu rè?

拉面 lāmiàn ラーメン
回家 huíjiā 帰宅する

3) 你想不想回家？
Nǐ xiǎng bu xiǎng huíjiā?

31 **①** 発音を聞いて簡体字かピンインを書きなさい。

(1) piàoliang　　(2) 便宜　　(3) yīfu　　(4) 黄山

_____　　_____　　_____　　_____

(5) duōshao　　(6) 図案　　(7) zhēn　　(8) 款式

_____　　_____　　_____　　_____

32 **②** 音声を聞いて [____] から語を選び、文を完成しなさい。

(1) 这件衣服 (　　　) 漂亮 (　　　)。

(2) 那 (　　　) 桌子 (　　　) 大。

(3) 你们 (　　　) (　　　) 饺子？

(4) 今天是八 (　　　) 十五 (　　　)。

> 张　吃　月　号　了　不吃　很　太

③ 日本語の意味になるように [　　] 内の語句を並べ替えて文を作りなさい。

(1) あの服は最も新しいデザインです。
　　[款式　件　的　那　是　新　衣服　最]

----

(2) 黄山の絵が付いているあの服はいくらですか。
　　[多少　黄山　図案　的　件　钱　带　那]

----

(3) あの2人の学生はアメリカ人です。
　　[美国人　那　个　两　是　学生]

----

(4) あなたたちは図書館に行きたいですか。
　　[想　图书馆　不　你们　去　想]

----

4 次のピンインの文を簡体字に直し、日本語に訳しなさい。

(1) Shí yuè yī hào Guóqìngjié nǐ qù Zhōngguó ma?　　　*Guóqìngjié 国庆节：国慶節

　　...

(2) Huángshān fēicháng měilì, wǒ yě xiǎng qù.

　　...

(3) Nà jiàn piányi, èrbǎi yī, nǐmen mǎi bu mǎi?

　　...

(4) Wǒ xiǎng kàn zhè liǎng běn shū, tā xiǎng kàn nà sān běn zázhì.

　　...

★下の語を使って会話練習をしなさい。

A: 那件衣服 / 那张桌子 / 那本书 .... 吗？

B: 那件衣服 / 那张桌子 / 那本书 ....。

大 ⇔ 小 dà-xiǎo
大きい⇔小さい

长 ⇔ 短 cháng-duǎn
長い⇔短い

便宜 ⇔ 贵 piányi-guì
安い⇔高い

轻 ⇔ 重 qīng-zhòng
軽い⇔重い

新 ⇔ 旧 xīn-jiù
新しい⇔古い

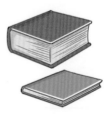

厚 ⇔ 薄 hòu-báo
厚い⇔薄い

世界遺産で知る中国

黄山

安徽省の景勝地である黄山は、古代から「黄山を見ずして山を語ることなかれ」といわれるほどの天下第一の名山で、李白をはじめ多くの文人が訪れました。72もの峰が連なり、花崗岩でできた高峰と雲海が織り成す風景は、まさに仙人が住む世界「仙境」といわれています。ここでは黄山の代表的な美しい景色を中心に紹介します。

蓮花峰 （莲花峰 Liánhuāfēng）
黄山の最高峰(標高1864m)。黄山の名は伝説上の王・黄帝がこの山で不老不死の霊薬を飲んで仙人になったことから名付けられたらしい。中国では黄色が最も尊い色だ。

黄山の雲海
（黄山云海 Huángshān yúnhǎi）

山水画を思わせる黄山の絶景。高峰が雲や霧に覆われて美しいコントラストを演出する。本当に仙人が住んでいそうな幻想的で神秘的な世界だ。

黄山の日の出
黄山の山頂から見た美しい日の出。雲海から昇る朝日を眺めていると、何か有難みを感じる！

黄山

黄山のパノラマ
奇松・怪石・雲海は「黄山の三絶（三奇）」と呼ばれ、これに温泉を含め「黄山の四絶」として名高い。刻々とさまざまな表情を見せる黄山は、確かに他では見ることができない美しく奇怪な風景だ。

翡翠谷
（翡翠谷 Fěicuìgǔ）

黄山の東部にあり、別名「情人谷(恋人の谷)」と呼ばれている。水は澄み切っていてエメラルド色に輝いている。

黄山には「奇松(変わった形の松)」が多く生育している。黄山松は、黄山の固有種で、強い生命力を持つとして尊ばれている。

屯渓老街 （屯溪老街 Túnxīlǎojiē）

宋や明清時代の街並みがそのまま残っている。硯、墨、筆、骨董などを扱う店や中国茶を売る店などがあり、散歩するだけでも楽しい。

黄山の奇松

下午 见
Xiàwǔ　jiàn

33 ●約束する。

A 今天　你　有　时间　吗？
Jīntiān　nǐ　yǒu　shíjiān　ma?

B 上午　有　课，下午　没　事儿。
Shàngwǔ　yǒu　kè,　xiàwǔ　méi　shìr.

A 你　能　陪　我　去　一　趟　孔庙　吗？
Nǐ　néng　péi　wǒ　qù　yí　tàng　Kǒngmiào　ma?

B 没　问题。咱们　怎么　去？
Méi　wèntí.　Zánmen　zěnme　qù?

A 坐　公交车　去。
Zuò　gōngjiāochē　qù.

B 几　点　出发？
Jǐ　diǎn　chūfā?

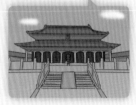

A 一　点　半。我　在　校门口　等　你。
Yī　diǎn　bàn.　Wǒ　zài　xiàoménkǒu　děng　nǐ.

B 行。下午　见！
Xíng.　Xiàwǔ　jiàn!

34  新出語句

- 有 yǒu 動 ～ある、～いる
- 时间 shíjiān 名 時間
- 上午 shàngwǔ 名 午前
- 课 kè 名 授業
- 没 méi 副 "没有"の省略形
- 事儿 shìr 名 用事
- 能 néng 助動 ～できる
- 陪 péi 動 お供する

- 趟 tàng 量 回
- 孔庙 Kǒngmiào 名 孔子廟
- 问题 wèntí 名 問題
- 怎么 zěnme 疑 どのように
- 坐 zuò 動 乗る
- 公交车 gōngjiāochē 名 路線バス
- 几 jǐ 疑 いくつ
- 点 diǎn 名 ～時 (時間)

- 出发 chūfā 動 出発する
- 半 bàn 名 半、30分
- 在 zài 前 ～で、～に
- 校门口 xiàoménkǒu
　学校の入口
- 等 děng 動 待つ
- 行 xíng 形 よろしい
- 见 jiàn 動 会う

1 動詞"有"「～いる、～ある」

場所・時間・人など＋有＋人・物 「～に…がいる、ある」

上午　　　有　　課。
Shàngwǔ　　yǒu　　kè.

1) 北京有很多世界遗产。
Běijīng yǒu hěn duō shìjiè yíchǎn.

2) 现在我没有时间。
Xiànzài wǒ méiyǒu shíjiān.

3) 她有哥哥，可是没有姐姐。
Tā yǒu gēge, kěshì méiyǒu jiějie.

现在 xiànzài 現在
哥哥 gēge 兄
可是 kěshì しかし
姐姐 jiějie 姉

2 助動詞"能"「～できる」

1) 我能参加你们的会。
Wǒ néng cānjiā nǐmen de huì.

2) 那里不能坐公交车去。
Nàli bù néng zuò gōngjiāochē qù.

3) 我很困，现在不能开车。
Wǒ hěn kùn, xiànzài bù néng kāichē.

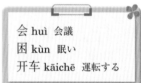

会 huì 会議
困 kùn 眠い
开车 kāichē 運転する

3 動作量補語（回数など）

1) 他一天去三趟超市。
Tā yì tiān qù sān tàng chāoshì.

2) 请你再说一遍。
Qǐng nǐ zài shuō yí biàn.

3) 我一个星期来两次。
Wǒ yí ge xīngqī lái liǎng cì.

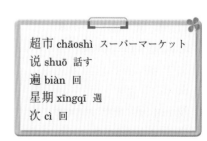

超市 chāoshì スーパーマーケット
说 shuō 話す
遍 biàn 回
星期 xīngqī 週
次 cì 回

4　曜日、時刻の表現　「〜曜日」「〜時」「〜分」

星期一	星期二	星期三	星期四	星期五	星期六	星期天(/日)
xīngqīyī	xīngqī'èr	xīngqīsān	xīngqīsì	xīngqīwǔ	xīngqīliù	xīngqītiān(/rì)
[月曜日]	[火曜日]	[水曜日]	[木曜日]	[金曜日]	[土曜日]	[日曜日]

早上 [朝]	上午 [午前]	中午 [昼]	下午 [午後]	晚上 [夜]
zǎoshang	shàngwǔ	zhōngwǔ	xiàwǔ	wǎnshang

一点 [1:00]	两点 [2:00]	三点半 [3:30]	四点十分 [4:10]
yī diǎn	liǎng diǎn	sān diǎn bàn	sì diǎn shí fēn

五点一刻 [5:15]　　　　　差三分九点 [8:57]
wǔ diǎn yí kè　　　　　chà sān fēn jiǔ diǎn

1) 现在是中午十二点。
Xiànzài shì zhōngwǔ shí'èr diǎn.

2) 他下午五点下班。
Tā xiàwǔ wǔ diǎn xiàbān.

3) 我每天早上七点十分去学校。
Wǒ měi tiān zǎoshang qī diǎn shí fēn qù xuéxiào.

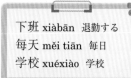

下班 xiàbān　退勤する
每天 měi tiān　毎日
学校 xuéxiào　学校

5　前置詞"在"　「〜で」「〜に」

1) 他每天在图书馆看书。
Tā měi tiān zài túshūguǎn kàn shū.

2) 你们在哪儿学中文？
Nǐmen zài nǎr xué Zhōngwén?

3) 晚上我们在公园散步。
Wǎnshang wǒmen zài gōngyuán sànbù.

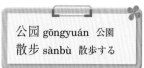

公园 gōngyuán　公園
散步 sànbù　散歩する

37 **1** 発音を聞いて簡体字かピンインを書きなさい。

(1) Kǒngmiào　　(2) 今天　　(3) shàngwǔ　　(4) 坐

_____　_____　_____　_____

(5) zěnme　　(6) 课　　(7) gōngjiāochē　　(8) 出发

_____　_____　_____　_____

38 **2** 音声を聞いて ☐☐ から語を選び、文を完成しなさい。

(1) 明天上午你（　　　　）课吗？我（　　　　）有课。

(2) 我今天（　　　　）时间，（　　　　）去。

(3) 星期（　　　　）和（　　　　）天我去参加你们的会。

(4) 我们（　　　　）早上（　　　　）公园散步。

没　没有　不能　六　星期　每天　在　有

3 日本語の意味になるように [　　] 内の語句を並べ替えて文を作りなさい。

(1) 私は孔子廟へ行くのに（1回）お供することができます。
[孔庙　陪　能　去　趟　一　我　你]

_____

(2) 日曜日の朝7時半に来てください。
[来　早上　七点　半　你　吧　星期天]

_____

(3) 6月1日に黄山であなたを待っています。
[在　六月　你　我　黄山　一号　等]

_____

(4) 彼には弟がいますが、妹はいません。
[妹妹　弟弟　有　他　没有]　　　　　*弟弟 dìdi：弟　*妹妹 mèimei：妹

_____

4 次のピンインの文を簡体字に直し、日本語に訳しなさい。

(1) Wǒmen měi tiān zǎoshang bā diǎn shíwǔ fēn zuò gōngjiāochē qù xuéxiào.

_____

(2) Jīntiān shàngwǔ jiǔ diǎn yí kè nǐ néng bu néng zài xiàoménkǒu děng wǒ?

_____

(3) Xuéxiào de túshūguǎn wǒ yí ge xīngqī qù liǎng cì.

_____

(4) Tā yí ge yuè qù sān tàng Běijīng, fēicháng máng.　　　　*máng 忙：忙しい

_____

★下の語を使って会話練習をしなさい。

(1) A: 现在几点？

　　B: 现在 ....。

(2) A: 你几点去图书馆？

　　B: 我 .... 去图书馆。

一点
yī diǎn
1時

两点
liǎng diǎn
2時

四点十五分 / 一刻
sì diǎn shíwǔ fēn / yí kè
4時15分

五点三十分 / 半
wǔ diǎn sānshí fēn/bàn
5時半

六点四十五分 / 三刻
liù diǎn sìshiwǔ fēn / sān kè
6時45分

六点五十五分 / 差五分七点
liù diǎn wǔshiwǔ fēn / chà wǔ fēn qī diǎn
7時5分前

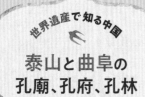

泰山と曲阜の
孔廟、孔府、孔林

山東省では、秦の始皇帝をはじめ中国の歴代皇帝が天地を祀る「封禅」の儀式を執り行ったと伝えられる泰山が世界複合遺産に登録されています。また、孔子の故郷の曲阜にある孔廟・孔府・孔林（合わせて三孔）が世界文化遺産に登録されています。ここではこの2ケ所について紹介します。

泰山南天門
（泰山南天门 Tàishān Nántiānmén）

山麓から山頂に近い南天門まで7000段もの階段が設けられている。やはり中国は何を造るのもケタ違い！

泰山（泰山 Tàishān）

道教、仏教、儒教すべてを受容している中国一の名山。孔子も登ったと伝えられている。始皇帝は「封禅」のやり方がよく分からず、我流で執り行ったらしい。儀式は秘密裡に行うので何をやってもよかった？

岱廟（岱庙 Dàimiào）
たいびょう

泰山の麓にある廟。堂々とした建築群は、故宮・大和殿、孔廟・大成殿に並ぶ「中国三大宮廷建築」のひとつ。泰山を登る皇帝はここで身を清めた。

無字碑（无字碑 Wúzìbēi）

頂上付近に建つ、表面に何も書かれていない碑。理由があるらしいが何とも不思議だ！

泰山
曲阜

孔林（孔林 Kǒnglín）

孔子と孔家歴代の墓所。広大な敷地に一族の墓がなんと16万基も点在しているとはスゴすぎる！

孔廟・大成殿（孔庙・大成殿 Kǒngmiào・Dàchéngdiàn）

「中国三大宮廷建築」のひとつ。皇帝だけに許される黄色の屋根瓦と龍の柱。孔子は皇帝も崇める存在だった！

孔子墓（孔子墓 Kǒngzǐmù）

総面積2km²もの広大な孔林内の中央に鎮座する孔子の墳墓。墓の西側には、孔子の死後6年間喪に服して墓を守った弟子・子貢の質素な小屋がある。

女朋友
Nǚpéngyou

 ●友人の写真を見る。

A 这　是　九寨沟　吧?
Zhè　shì　Jiǔzhàigōu　ba?

B 对。　你　去过?
Duì.　Nǐ　qùguo?

A 去过。　你　旁边　的　这个　人　是　谁?
Qùguo.　Nǐ　pángbiān　de　zhège　rén　shì　shéi?

B 我　女朋友。
Wǒ　nǚpéngyou.

A 也　是　上海人?
Yě　shì　Shànghǎirén?

B 不　是，　她　家　在　苏州。
Bú　shì,　tā　jiā　zài　Sūzhōu.

A 她　和　你　一样　高　吧?
Tā　hé　nǐ　yíyàng　gāo　ba?

B 她　没有　我　高，　比　我　矮　一　公分。
Tā　méiyǒu　wǒ　gāo,　bǐ　wǒ　ǎi　yì　gōngfēn.

A 她　今年　多　大?
Tā　jīnnián　duō　dà?

B 十九　岁。
Shíjiǔ　suì.

 新出語句

- 九寨沟 Jiǔzhàigōu 名 九寨溝
- 对 duì 形 はい、そのとおり
- 过 guo 助 ～したことがある
- 旁边 pángbiān 名 そば
- 谁 shéi 疑 だれ
- 女朋友 nǚpéngyou 名 ガールフレンド
- 家 jiā 名 家
- 在 zài 動 ある、いる
- 苏州 Sūzhōu 名 蘇州
- 和 hé 接 と
- 一样 yíyàng 形 同じ
- 高 gāo 形 高い
- 比 bǐ 助 ～より
- 矮 ǎi 形 (背丈が) 低い
- 公分 gōngfēn 量 センチメートル
- 今年 jīnnián 名 今年
- 多大 duō dà 何歳か
- 岁 suì 量 歳

1 過去の経験 "过" 「～したことがある」

1) 你去过九寨沟吗？
   Nǐ qùguo Jiǔzhàigōu ma?

2) 我们没有吃过四川菜。
   Wǒmen méiyǒu chīguo Sìchuān cài.

3) 北京和上海我去过三次。
   Běijīng hé Shànghǎi wǒ qùguo sān cì.

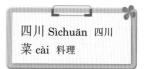

四川 Sìchuān 四川
菜 cài 料理

2 方位詞

	上 shàng	下 xià	前 qián	后 hòu	左 zuǒ	右 yòu	里 lǐ	外 wài
面（儿） miàn(r)	上面 shàngmiàn	下面 xiàmiàn	前面 qiánmiàn	后面 hòumiàn	左面 zuǒmiàn	右面 yòumiàn	里面 lǐmiàn	外面 wàimiàn
边（儿） biān(r)	上边 shàngbian	下边 xiàbian	前边 qiánbian	后边 hòubian	左边 zuǒbian	右边 yòubian	里边 lǐbian	外边 wàibian

*接尾辞の省略　桌子上　　房间里
  zhuōzi shang　fángjiān li

他在图书馆里看书。
Tā zài túshūguǎn li kàn shū.

3 比較の表現

［肯定］ A　比　B＋形容詞 など
我　比　她　高。
Wǒ bǐ tā gāo.

［否定］ A　没有　B＋形容詞
她　没有　我　高。
Tā méiyǒu wǒ gāo.

1) 今天比昨天热。
   Jīntiān bǐ zuótiān rè.

5

2) 东京没有北京冷。

Dōngjīng méiyǒu Běijīng lěng.

3) 这个和那个一样贵。

Zhège hé nàge yíyàng guì.

东京 Dōngjīng 東京
冷 lěng 寒い

4　動詞"在"「ある、いる」

1) 我的老家在农村。

Wǒ de lǎojiā zài nóngcūn.

2) 现在学生们都在教室里。

Xiànzài xuéshengmen dōu zài jiàoshì li.

3) 李老师今天在吗？

Lǐ lǎoshī jīntiān zài ma?

老家 lǎojiā 故郷
农村 nóngcūn 農村
都 dōu みんな
教室 jiàoshì 教室
老师 lǎoshī 先生

5　名詞述語文「～は…である」

1) 我哥哥的朋友一米八。

Wǒ gēge de péngyou yì mǐ bā.

2) 她现在二十岁。

Tā xiànzài èrshí suì.

3) 这件衣服一百六十五块。

Zhè jiàn yīfu yìbǎi liùshiwǔ kuài.

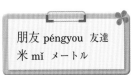

朋友 péngyou 友達
米 mǐ メートル

43 ① 発音を聞いて簡体字かピンインを書きなさい。

(1) Jiǔzhàigōu　　(2) 谁　　　(3) nǚpéngyou　　(4) 一样

....　........................　........................　........................

(5) pángbiānr　　(6) 苏州　　(7) jīnnián　　(8) 高

....　........................　........................　........................

44 ② 音声を聞いて □ から語を選び、文を完成しなさい。

(1) 我 (　　　　) 去 (　　　　　) 上海。

(2) 他每天 (　　　　　) 图书馆 (　　　　　) 看书。

(3) 东京的冬天 (　　　　　) 北京 (　　　　　)。　　*冬天 dōngtiān：冬

(4) 今天他们 (　　　　　) 不 (　　　　　)。

> 都　过　没有　比　在　在家　里　暖和

*暖和 nuǎnhuo：暖かい

③ 日本語の意味になるように [　　] 内の語句を並べ替えて文を作りなさい。

(1) 私は中国の留学生で、私の故郷は北京にあります。
[留学生　是　北京　我　中国　老家　我　的　在]

....

(2) お兄さんは弟より3cm高い。
[哥哥　高　三　弟弟　公分　比]

....

(3) テーブルに3冊の本があります。いずれも中国語の本です。
[上　中文　桌子　书　都　是　书　有　三本]

....

(4) お姉さんはあなたと同じくらい背が高いですか。――いいえ、彼女は私ほど高くないです。
[姐姐　高　吗　一样　她　我　高　和　没有　不　你]

....

4 次のピンインの文を簡体字に直し、日本語に訳しなさい。

(1) Zuǒténg tóngxué jīnnián duō dà? ―Tā jīnnián èrshí suì.　　*tóngxué 同学：同級生

....

(2) Wǒ de tóngxué dōu zài zhège jiàoshì li.

....

(3) Nǐmen liǎng ge rén yíyàng gāo ma? ―Bù, tā bǐ wǒ ǎi liǎng gōngfēn.

....

(4) Nǐ qùguo Kǒngmiào ma? ―Wǒ qùguo sān cì.

....

★下の語を使って会話練習をしなさい。

(1) A: .... 比 .... 吗？

　　B: .... 比 ....。

(2) A: .... 比 .... 吗？

　　B: .... 没有 ....。

面包房 miànbāofáng
パン屋

美容院 měiróngyuàn
美容院

花店 huādiàn
花屋

高 ⇔ 低 gāo-dī
高い ⇔ 低い

远 ⇔ 近 yuǎn-jìn
遠い ⇔ 近い

多 ⇔ 少 duō-shǎo
多い ⇔ 少ない

世界遺産で知る中国

九寨溝 と 黄龍

九寨溝は四川省の省都・成都の北西約400kmの標高2000〜3400mの山岳部にあり、「童話世界」とも形容される信じがたいほど美しい景勝地です。青く輝く湖、湿地、滝が点在し、多くの観光客を魅了しています。黄龍は四川省の西北部、九寨溝から南へ100kmの地点にあり、大小3400以上もの湖沼がちょうど棚田のような景観を見せています。黄色い鱗の龍のように見えるところから黄龍と名付けられました。

九寨溝

五花海 (五花海 Wǔhuāhǎi)

九寨溝を代表する「海子(湖)」のひとつ。天候に係わらず青く輝く水面はまるで鏡のように澄み渡り「九寨溝一絶(九寨溝しかない)」とたたえられているそうだ。この美しさは言葉ではとても表せない。

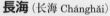

珍珠灘瀑布 (珍珠滩瀑布 Zhēnzhūtān pùbù)

九寨溝で最も迫力のある滝。間近で見上げると真珠のような水しぶきが勢いよく降りかかって気持ちいい。真珠のシャワーを浴びているような感覚だ!

長海 (长海 Chánghǎi)

標高3100m地点にある九寨溝最大規模の湖。

九寨溝
黄龍

黄龍

五彩池 (五彩池 Wǔcǎichí)

標高3600mの高地にある黄龍最大の目玉で、693個の「彩池」からなる。水量が豊かでその名の通り、角度と天候によって青色にもオレンジ色にも黄色にも見える。棚田のような景観は巨大龍の鱗のように見え、色を変えながら生きている龍のようだ。

金沙舗地
(金沙铺地 Jīnshāpūdì)

石灰岩でできた黄色い大地が1500mも続く。流れがかなり速いが、金色に輝く流れの中に立つ大小の木々が不思議な景観。

黄龍の自然が育み、配した棚田のような奇観。

你 去 哪儿 了
Nǐ qù nǎr le

● 夏休みの後。
45

A 这个 假期 你 去 哪儿 了？
　　Zhège jiàqī nǐ qù nǎr le?

B 去 敦煌 了。
　　Qù Dūnhuáng le.

A 是 吗?! 你 是 跟 谁 一起 去 的？
　　Shì ma?! Nǐ shì gēn shéi yìqǐ qù de?

B 跟 经济系 的 两 个 朋友。
　　Gēn jīngjìxì de liǎng ge péngyou.

A 去了 几 天？
　　Qùle jǐ tiān?

B 去了 两 个 星期。
　　Qùle liǎng ge xīngqī.

A 你们 是 怎么 去 的？
　　Nǐmen shì zěnme qù de?

B 我 朋友 会 开车，我们 是 开车 去 的。
　　Wǒ péngyou huì kāichē, wǒmen shì kāichē qù de.

46

- □ 假期 jiàqī 〔名〕休暇
- □ 敦煌 Dūnhuáng 〔名〕敦煌
- □ 跟 gēn 〔接〕〔前〕～と、～について
- □ 经济 jīngjì 〔名〕経済
- □ 系 xì 〔名〕学科
- □ 天 tiān 〔名〕日
- □ 会 huì 〔助動〕～できる

1 "了"の用法 (1) 「〜した」

1) 你们吃午饭了吗？
Nǐmen chī wǔfàn le ma?

2) 老师还没有来。
Lǎoshī hái méiyǒu lái.

3) 去年我们去敦煌了。
Qùnián wǒmen qù Dūnhuáng le.

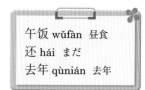

午饭 wǔfàn 昼食
还 hái まだ
去年 qùnián 去年

2 "是…的"の構文 「〜したのです」 過去の動作様態の強調

1) 你是什么时候来的？
Nǐ shì shénme shíhou lái de?

2) 他是坐公交车来的。
Tā shì zuò gōngjiāochē lái de.

3) 他是在大学学的中文。
Tā shì zài dàxué xué de Zhōngwén.

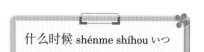

什么时候 shénme shíhou いつ

3 接続詞・前置詞"跟" 「〜と」「〜について」

1) 你跟谁认识？
Nǐ gēn shéi rènshi?

2) 学生跟中国老师学中文。
Xuésheng gēn Zhōngguó lǎoshī xué Zhōngwén.

3) 他是跟哥哥一起来的。
Tā shì gēn gēge yìqǐ lái de.

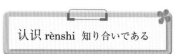

认识 rènshi 知り合いである

4 　時間量補語

1) 我们学了十二年英语。
    Wǒmen xuéle shí'èr nián Yīngyǔ.

2) 他每天工作八个小时。
    Tā měi tiān gōngzuò bā ge xiǎoshí.

3) 昨天我打了两个小时网球。
    Zuótiān wǒ dǎle liǎng ge xiǎoshí wǎngqiú.

年 nián　年
工作 gōngzuò　仕事をする
小时 xiǎoshí　時間
打 dǎ　（球技などを）する
网球 wǎngqiú　テニス

5 　助動詞 "会" 「～できる」

1) 您会说中文吗？
    Nín huì shuō Zhōngwén ma?

2) 我不会做中国菜。
    Wǒ bú huì zuò Zhōngguó cài.

3) 她会不会弹钢琴？
    Tā huì bu huì tán gāngqín?

弹 tán　弾く
钢琴 gāngqín　ピアノ

練習問題

① 49 発音を聞いて簡体字かピンインを書きなさい。

(1) Dūnhuáng　　(2) 开　　(3) jīngjì　　(4) 系

....　..................　..................　..................

(5) xīngqī　　(6) 车　　(7) liǎng ge　　(8) 会

....　..................　..................　..................

② 50 音声を聞いて ⬚ から語を選び、文を完成しなさい。

(1) 去年我（　　　）他去敦煌（　　　）。

(2) 昨天我们都（　　　）开车去（　　　）。

(3) 我（　　　）那里工作了（　　　）。

(4) 你会（　　　）哪国话？——我（　　　）说英语。　　　*哪国 nǎguó：どの国

> 一　年　会　了　的　是　在　说　跟

③ 日本語の意味になるように [　] 内の語句を並べ替えて文を作りなさい。

(1) 先生は来られましたか。——先生はまだいらしていません。
[了　老师　来　吗　老师　没有　来　还]

....

(2) あなたはあの大学の学生と知り合いですか。
[学生　大学　跟　你　的　吗　那个　认识]

....

(3) 私は上海で2年間中国語を勉強しました。
[上海　在　我　了　两年　中文　学]

....

(4) 彼の同級生はみんなピアノが弾けます。
[同学　会　他　钢琴　的　弹　都]

....

4 次のピンインの文を簡体字に直し、日本語に訳しなさい。

(1) Wǒ bú huì kāichē. Wǒ shì zuò gōngjiāochē qù de.

_____

(2) Wǒ jīntiān gōngzuòle jiǔ ge xiǎoshí, hěn lèi.　　　　　　*lèi 累：疲れる

_____

(3) Wǒmen měi tiān gēn Zhōngguó liúxuéshēng shuō Zhōngwén.

_____

(4) Nǐmen chī wǔfàn le ma? —Wǒmen hái méiyǒu chī.

_____

★下の語を使って会話練習をしなさい。

(1) A: 你会打 .... 吗？

　　B: 我会打 ....。

(2) A: 你昨天打了几个小时 .... ？

　　B: 我昨天打了一个小时 ....。

保龄球 bǎolíngqiú
ボウリング

篮球 lánqiú
バスケットボール

乒乓球 pīngpāngqiú
卓球

羽毛球 yǔmáoqiú
バドミントン

网球 wǎngqiú
テニス

高尔夫球 gāo'ěrfūqiú
ゴルフ

世界遺産で知る中国

莫高窟

莫高窟は甘粛省敦煌市の東南25kmの鳴沙山東麓の断崖に造られた世界最大の仏教石窟です。366年に、仏教僧によって建造が始められ、約1000年掘り続けられました。長い間、砂の中に埋もれていましたが、1900年に発見され、現在700以上の石窟と広大な面積の仏画が確認でき、「沙漠の大画廊」ともいわれています。ここでは莫高窟の貴重な美術品を中心に紹介します。

莫高窟（莫高窟 Mògāokū）第96窟

莫高窟のシンボルともいえる九層楼。石窟の中には高さ35mの大仏が安置されている。東大寺の大仏でさえ15mなのでその2倍以上の高さとは本当に驚きだ。

莫高窟 第275窟

珍しい交脚姿の弥勒菩薩。両足を前で交差させているのは遊牧民の風習を反映した姿らしいが、見た目には行儀が悪い仏様か？

塑像と壁画

乾燥した砂漠の気候が長い間仏画を守り続けてきた。いまでも色鮮やかなのは奇跡的だ！

仏教壁画

このような彩色壁画の総面積が45,000㎡に達するとは想像を絶する大画廊だ！

莫高窟の石窟群

莫高窟の入口

牌坊と呼ばれる中国式の門。後ろには石窟の入口も見える。

莫高窟

砂漠の中に造られた石窟が1600mにもおよび、最盛期の唐代は1000を超える石窟が掘られ「千仏洞」と称された。1000年もの間掘り続けた信仰心はどこから来るのか？

鳴沙山は風が吹くと砂が鳴くような音を出すところから命名とも。月牙泉は3000年間、水が枯れたことがない砂漠のオアシスだ！

鳴沙山・月牙泉

画 画儿
Huà huàr

● 学生の宿舎で。

A 你 在 干 什么 呢？
Nǐ zài gàn shénme ne?

B 画 画儿 呢。
Huà huàr ne.

A 你 画 的 是 什么？
Nǐ huà de shì shénme?

B "西湖 朝日"。
"Xīhú zhāorì".

A 你 画 画儿 画 得 真 漂亮。
Nǐ huà huàr huà de zhēn piàoliang.

B 我 从 初二 到 现在 已经 画了 五 年 了。
Wǒ cóng chū'èr dào xiànzài yǐjīng huàle wǔ nián le.

A 你 能 教 我 怎么 画 画儿 吗？
Nǐ néng jiāo wǒ zěnme huà huàr ma?

B 当然。 咱们 从 什么 时候 开始？
Dāngrán. Zánmen cóng shénme shíhou kāishǐ?

A 明天。
Míngtiān.

新出語句

- □ 在 zài 副 ～している
- □ 画 huà 動 描く
- □ 画儿 huàr 名 絵
- □ 西湖 Xīhú 名 西湖（中国杭州にある有名な湖）
- □ 朝日 zhāorì 名 朝日
- □ 得 de 助 ～するのが…
- □ 从 cóng 前 ～から

- □ 初二 chū'èr 名 中学2年
- □ 到 dào 前 ～まで
- □ 已经 yǐjīng 副 すでに
- □ 教 jiāo 動 教える
- □ 当然 dāngrán 副 もちろん
- □ 开始 kāishǐ 動 始まる、始める

1 進行形 "在〜" "〜呢" 「〜している」

1) 他在看一部电视剧。
   Tā zài kàn yí bù diànshìjù.

2) 你在复习汉语吗？
   Nǐ zài fùxí Hànyǔ ma?

3) 我妈妈在听音乐呢。
   Wǒ māma zài tīng yīnyuè ne.

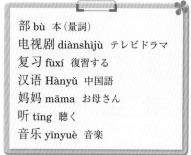

部 bù 本 (量詞)
电视剧 diànshìjù テレビドラマ
复习 fùxí 復習する
汉语 Hànyǔ 中国語
妈妈 māma お母さん
听 tīng 聴く
音乐 yīnyuè 音楽

2 名詞の省略

1) 这是他写的。
   Zhè shì tā xiě de.

2) 我说的是这件事。
   Wǒ shuō de shì zhè jiàn shì.

3) 这本书是谁的？
   Zhè běn shū shì shéi de?

写 xiě 書く

3 状態補語

1) 他早上起得很早。
   Tā zǎoshang qǐ de hěn zǎo.

2) 你写字写得真漂亮。
   Nǐ xiě zì xiě de zhēn piàoliang.

3) 妹妹中文说得非常流利。
   Mèimei Zhōngwén shuō de fēicháng liúlì.

早 zǎo 早い
字 zì 字
流利 liúlì 流暢

4 前置詞 "从〜"、"到〜" 「〜から」、「〜まで」

1) 明天我们七点从学校出发。
Míngtiān wǒmen qī diǎn cóng xuéxiào chūfā.

2) 我们从明天开始放假。
Wǒmen cóng míngtiān kāishǐ fàngjià.

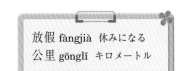

放假 fàngjià 休みになる
公里 gōnglǐ キロメートル

3) 从北京到上海有多少公里？
Cóng Běijīng dào Shànghǎi yǒu duōshao gōnglǐ?

5 二重目的語

1) 李老师教你们历史还是文学？
Lǐ lǎoshī jiāo nǐmen lìshǐ háishi wénxué?

2) 请告诉我你的电话号码。
Qǐng gàosu wǒ nǐ de diànhuà hàomǎ.

告诉 gàosu 告げる
电话 diànhuà 電話
号码 hàomǎ 番号
问 wèn 聞く

3) 我想问你一个问题。
Wǒ xiǎng wèn nǐ yí ge wèntí.

練習問題

1 発音を聞いて簡体字かピンインを書きなさい。
55

(1) Xīhú   (2) 现在   (3) dāngrán   (4) 教

_____   _____   _____   _____

(5) cóng   (6) 初二   (7) zhāorì   (8) 到

_____   _____   _____   _____

2 音声を聞いて ⬚⬚⬚⬚ から語を選び、文を完成しなさい。
56

(1) （   ）爸爸和妈妈（   ）吃饭。   *爸爸 bàba：お父さん

(2) 这（   ）书是他写（   ）。

(3) 妹妹（   ）网球打（   ）非常好。

(4) （   ）去年（   ）今年我学了很多中文单词。   *单词 dāncí：単語

⬚⬚⬚ 到　本　现在　得　在　的　打　从 ⬚⬚⬚

3 日本語の意味になるように [　　] 内の語句を並べ替えて文を作りなさい。

(1) 中国人の先生が学生たちに中国語を教えています。
［中文　学生们　老师　中国　教　在］

_____

(2) 彼女はいま小説を書いています。
［在　她　本　一　写　小说］   *小说 xiǎoshuō：小説

_____

(3) この３つのものの中でどれがあなたが買ったものですか。
［东西　的　这　三个　你　哪个　是　买］   *哪个 nǎge：どれ

_____

(4) 彼は絵を描くのが本当に上手です。
［真　他　好　得　画　画　画儿］

_____

54

4 次のピンインの文を簡体字に直し、日本語に訳しなさい。

(1) Nǐ zài gàn shénme? —Wǒ zài tīng yīnyuè.

....

(2) Wǒ měi tiān cóng shàngwǔ jiǔ diǎn dào xiàwǔ liù diǎn gōngzuò.

....

(3) Lǎoshī gěile wǒ yì běn Rìběn xiǎoshuō.　　　　*gěi 给：あげる、くれる

....

(4) Tāmen shuō Zhōngwén shuō de tài kuài.　　　　* 快 kuài：速い

....

★下の語を使って会話練習をしなさい。

(1) A: 你在干什么呢？

　　B: 我在 .... 呢。

(2) A: 你喜欢 .... 吗？　　　　*喜欢 xǐhuan：好きだ

　　B: 我喜欢 / 不喜欢 ....。

听音乐 tīng yīnyuè
音楽を聴く

做菜 zuò cài
料理をする

游泳 yóuyǒng
水泳

散步 sànbù
散歩をする

运动 yùndòng
運動

唱歌 chàng gē
歌を歌う

7

世界遺産で知る中国

蘇州古典園林、杭州西湖

中国には「上有天堂，下有蘇杭(天上には極楽あり、地上には蘇州、杭州あり)」という諺があり、古より蘇州、杭州の美しさは賞賛されてきました。マルコ・ポーロは蘇州を「東洋のベニス」と呼び、蘇東坡は西湖の美しさを「中国四大美人」の西施にたとえたといわれています。ここでは世界文化遺産に登録された蘇州(江蘇省)の代表的な古典庭園と杭州・西湖(浙江省)の美しい風景を中心に紹介します。

蘇州

留園（留园 Liúyuán）
清代を代表する名園。「蘇州四大名園」であるばかりか、「中国四大名園」にも数えられている。建物と太湖石などの奇石の配置が絶妙で、まさに庭園芸術の傑作。

拙政園（拙政园 Zhuōzhèngyuán）
明代に造られた、「蘇州四大名園」のひとつで、「中国四大名園」の首位にもおかれている。池や堀の多いとても美しい庭園だ。マルコ・ポーロが蘇州を「世界で最も美しい街」と賞賛した気持ちが分かる！

蘇州古典園林

杭州西湖

西湖（西湖 Xīhú）
西湖の風景は晴天よりも薄曇りか小雨の時の方が美しいといわれている。杭州で生まれた美女・西施の美しさも決して華やかなものではなく、どこか憂いを帯びた美しさだったらしい。

杭州

雷峰塔
（雷峰塔 Léifēngtǎ）

雷峰山の頂上にそびえる雷峰塔。高さ約70mの頂上からは西湖を一望することができる。

西湖に浮かぶ小島で「西湖十景」のひとつ。満月の夜、島の湖上に立つ石灯籠に火を灯すと、美しい景観が生まれる。何と中国人民元1元札の裏のデザインに使われている。

三潭印月
（三潭印月 Sāntányìnyuè）

唐の詩人・白居易にちなんだ堤防。

白堤（白堤 Báidī）

她 来 了
Tā lái le

●三人は福建土楼に行くつもりで、駅で会う約束をする。

57

A　刘 丽 怎么 还 不 来?
　　Liú Lì zěnme hái bù lái?

8

B　她 家 离 这儿 太 远 了。
　　Tā jiā lí zhèr tài yuǎn le.

A　那边儿 来了 一 个 戴 帽子 的 人,
　　Nàbiānr láile yí ge dài màozi de rén,

　　是 不 是 她?
　　shì bu shì tā?

B　不 是。她 没有 那么 高。
　　Bú shì. Tā méiyǒu nàme gāo.

A　你 还是 给 她 打 电话, 催催 她 吧。
　　Nǐ háishi gěi tā dǎ diànhuà, cuīcui tā ba.

B　我 的 手机 没 电 了。
　　Wǒ de shǒujī méi diàn le.

　　可以 用 一下 你 的 吗?
　　Kěyǐ yòng yíxià nǐ de ma?

A　当然 可以。
　　Dāngrán kěyǐ.

B　不用 打 了, 她 来 了。
　　Búyòng dǎ le, tā lái le.

58  新出語句

□ 离 lí 〔前〕～から
□ 这儿 zhèr 〔代〕ここ
□ 那边儿 nàbiānr 〔名〕あちら
□ 戴 dài 〔動〕かぶる
□ 帽子 màozi 〔名〕帽子

□ 还是 háishi 〔副〕やはり
□ 给 gěi 〔前〕～に、～のために
□ 打 dǎ 〔動〕(電話を) 掛ける
□ 催 cuī 〔動〕催促する
□ 手机 shǒujī 〔名〕携帯電話、スマホ

□ 电 diàn 〔名〕バッテリー、電気
□ 可以 kěyǐ 〔助動〕～してもよい、～できる
□ 不用 búyòng 〔副〕～する必要がない

1 　前置詞 "离"「～から (距離・時間)」

1) 地铁站离这儿很近。
   Dìtiězhàn lí zhèr hěn jìn.

2) 大学离我家有一公里。
   Dàxué lí wǒ jiā yǒu yì gōnglǐ.

3) 明朝离现在有多少年？
   Míngcháo lí xiànzài yǒu duōshao nián.

> 地铁站 dìtiězhàn 地下鉄の駅
> 明朝 Míngcháo 明代

2 　存现文

1) 班里来了两个新同学。
   Bān li láile liǎng ge xīn tóngxué.

2) 图书馆里有很多中文书。
   Túshūguǎn li yǒu hěn duō Zhōngwén shū.

3) 刚才刮大风，现在下大雨。
   Gāngcái guā dàfēng, xiànzài xià dàyǔ.

> 班 bān クラス
> 刚才 gāngcái 先ほど
> 刮 guā 吹く
> 大风 dàfēng 強い風
> 下 xià 降る
> 大雨 dàyǔ 大雨

3 　前置詞 "给"「～のために」「～に」

1) 我给她买了一个礼物。
   Wǒ gěi tā mǎile yí ge lǐwù.

2) 他给我介绍了一个朋友。
   Tā gěi wǒ jièshàole yí ge péngyou.

3) 请给我预订一张明天的机票。
   Qǐng gěi wǒ yùdìng yì zhāng míngtiān de jīpiào.

> 礼物 lǐwù プレゼント
> 介绍 jièshào 紹介する
> 预订 yùdìng 予約する
> 机票 jīpiào 飛行機のチケット

4 動詞の重ね型

1) 我想听听你的意见。
   Wǒ xiǎng tīngting nǐ de yìjiàn.

2) 咱们出去玩儿玩儿吧。
   Zánmen chūqu wánrwanr ba.

3) 我们商量商量对策吧。
   Wǒmen shāngliang shāngliang duìcè ba.

> 意见 yìjiàn 意見
> 出去 chūqu 出かける
> 玩儿 wánr 遊ぶ
> 商量 shāngliang 相談する
> 对策 duìcè 対策

5 助動詞 "可以" 「～してもよい」「～できる」

1) 我们可以在这里喝酒吗？
   Wǒmen kěyǐ zài zhèli hē jiǔ ma?

2) 没有事了，你可以走了。
   Méiyǒu shì le, nǐ kěyǐ zǒu le.

3) 可以抽烟吗？——不可以。
   Kěyǐ chōuyān ma? —Bù kěyǐ.

> 这里 zhèli ここ
> 酒 jiǔ 酒
> 走 zǒu 行く、歩く
> 抽烟 chōuyān たばこを吸う

練習問題

1 発音を聞いて簡体字かピンインを書きなさい。

61

(1) kěyǐ　　　　(2) 催　　　　(3) shǒujī　　　　(4) 远

(5) nàbiānr　　　　(6) 戴　　　　(7) diànhuà　　　　(8) 帽子

2 音声を聞いて　□　から語を選び、文を完成しなさい。

62

(1) 我家（　　　　）地铁站很（　　　　）。

(2) （　　　　）校门口（　　　　）了一个学生。

(3) 我想（　　　　）你画的（　　　　）。

(4) 明天下午你们（　　　　）去（　　　　）东西。

> 买　看看　离　刚才　远　画儿　可以　来

3 日本語の意味になるように [　　] 内の語句を並べ替えて文を作りなさい。

(1) 東京大学は私の家から3駅離れたところにあります。
[家　我　有　站　三　东京大学　离]　　　　＊站 zhàn：駅

(2) 今日は天気が悪く、外は雨が降っています。
[不　天气　今天　下雨　外边儿　在　好]　　　　＊天气 tiānqì：天気

(3) 明日の飛行機のチケットを1枚予約して頂けますか。
[机票　一　可以　我　您　吗　的　给　明天　张　预订]

(4) この件は、友達と相談してみます。
[商量　事情　件　朋友　我　这　跟　商量]

60

4 次のピンインの文を簡体字に直し、日本語に訳しなさい。

⑴ Nàbiān láile wǔ ge Zhōngguó liúxuéshēng.

....

⑵ Nǐ kànkan, xiànzài wàimiàn guā dàfēng, xià dàyǔ.

....

⑶ Wǒmen xuéxiào de xuéshēng sùshè lí túshūguǎn hěn yuǎn.

....

⑷ Wǒ gěi tā mǎile yí jiàn fēicháng piàoliang de yīfu.

....

★下の語を使って会話練習をしなさい。

A: 我想 ....，可以吗？（動詞の重ね型）

B: 当然可以。

坐 zuò
座る

走 zǒu
歩く

躺 tǎng
横になる

说 shuō
話す

听 tīng
聞く

看 kàn
見る

世界遺産で知る中国

福建土楼

福建省の南東の山岳地帯に福建土楼と呼ばれている円形や四角形の独特の形をした客家（はっか）の集合住宅があります。外見が円筒形をしているため、かつてアメリカがミサイルサイロ（格納庫）と誤認したエピソードがあります。ここでは福建省の数ある土楼群のうち漳州市南靖県の土楼群を紹介します。

田螺坑土楼
（田螺坑土楼 Tiánluókēng tǔlóu）

高所から見るととても美しい形の土楼群。中央に方形の土楼、周りに四つの円形の土楼で構成されている。予備知識がなければ何の建物か首をひねる。アメリカが軍事施設だと誤認するのもうなずける。

横から見るとそれぞれの楼に段差がある。各楼は3階建てで各階には30余りの部屋があるらしい。

漳州市

裕昌楼
（裕昌楼 Yùchānglóu）

1308年に建てられた最も古く高い土楼のひとつ。これでも5階建てで、各階に50部屋も有するというから驚きだ。円楼自体が城壁の役割を果たしているため外側の窓は小さく少ない。これでは外敵は攻めにくい。土楼は民族が生き延びる知恵の傑作だ。

円楼は木材の組み合わせでできている。一見、脆弱そうに見えるが、築700年で、今でも人が住んでいる。

石龍旗竿 （石龙旗 Shílóngqí）
一族の中で科挙に合格した者、海外で成功した者が出ると建てることができる。客家は教養が高く頭が良い！

裕昌楼の中庭
円楼の内部はひとつの部落のようで、中央の中庭に祖廟もある。いったいこの中で何人が生活しているのか？人口密度は相当高い。

别 说话 了
Bié shuōhuà le

9

63 ●授業の前、教室で。

A 下了 课，咱们 去 看 电影 吧。
Xiàle kè, zánmen qù kàn diànyǐng ba.

B 在 哪儿 看？
Zài nǎr kàn?

A 小吃 街 旁边 的 电影院。
Xiǎochī jiē pángbiān de diànyǐngyuàn.

B 行。看完 电影，我 请 你 吃 小吃。
Xíng. Kànwán diànyǐng, wǒ qǐng nǐ chī xiǎochī.

A 太 好 了！欸，今天 的 课 是 什么 内容？
Tài hǎo le! Éi, jīntiān de kè shì shénme nèiróng?

B 龙门 石窟 的 由来。
Lóngmén shíkū de yóulái.

A 好像 很 有 意思。
Hǎoxiàng hěn yǒu yìsi.

B 别 说话 了，
Bié shuōhuà le,

老师 进 教室 来 了。
lǎoshī jìn jiàoshì lai le.

64 🐼 新出語句

- 下 xià 動 (授業などが) 終わる
- 小吃 xiǎochī 名 軽食
- 街 jiē 名 町、通り
- 电影院 diànyǐngyuàn 名 映画館
- 看完 kànwán 動 見終わる
- 请 qǐng 動 招待する、ごちそうする

- 欸 éi 感 ねえ、あのさ
- 内容 nèiróng 名 内容
- 龙门石窟 Lóngmén shíkū
  名 龍門の石窟
- 由来 yóulái 名 由来
- 好像 hǎoxiàng 副 ～のようだ

- 有意思 yǒu yìsi 形 面白い
- 别 bié 副 ～するな
- 说话 shuōhuà 動 話す
- 进来 jìnlai 動 入ってくる

ポイント

65

1 "了"の用法 (2) 「～したら…する」

動詞₁＋"了"＋目的語＋動詞₂

1) 发生了事故怎么办？
   Fāshēngle shìgù zěnme bàn?

2) 我们吃了饭立刻出发。
   Wǒmen chīle fàn lìkè chūfā.

3) 你们做了作业再去。
   Nǐmen zuòle zuòyè zài qù.

> 发生 fāshēng 起こる
> 事故 shìgù 事故
> 办 bàn 処理する
> 立刻 lìkè すぐに
> 做 zuò する
> 作业 zuòyè 宿題
> 再 zài ～してから

2 結果補語

看完	看见	学好	写错	听懂
kàwán	kànjiàn	xuéhǎo	xiěcuò	tīngdǒng

[否定] **没有～**

1) 那本小说我已经看完了。
   Nà běn xiǎoshuō wǒ yǐjīng kànwán le.

2) 你说的话我没有听懂。
   Nǐ shuō de huà wǒ méiyǒu tīngdǒng.

> 话 huà 話

3) 这个字你写错了。
   Zhège zì nǐ xiěcuò le.

3 "好像" 「～のようだ」

1) 她好像很忙。
   Tā hǎoxiàng hěn máng.

2) 汉语的语法好像很难。
   Hànyǔ de yǔfǎ hǎoxiàng hěn nán.

3) 最近他好像失业了。
   Zuìjìn tā hǎoxiàng shīyè le.

> 语法 yǔfǎ 文法
> 难 nán 難しい
> 最近 zuìjìn 最近
> 失业 shīyè 失業する

4 禁止の表現 "不要"、"别" 「～しないでください」「～するな」

1) 你们明天不要迟到。
　　Nǐmen míngtiān búyào chídào.

2) 不要走了，我请你们吃饭。
　　Búyào zǒu le, wǒ qǐng nǐmen chīfàn.

3) 那里危险，你们别去。
　　Nàli wēixiǎn, nǐmen bié qù.

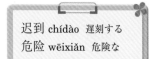
迟到 chídào 遅刻する
危险 wēixiǎn 危険な

5 方向補語 動詞＋方向補語

上 shàng	下 xià	出 chū	进 jìn	过 guò	回 huí	起 qǐ
上来 shànglai	下来 xiàlai	出来 chūlai	进来 jìnlai	过来 guòlai	回来 huílai	起来 qǐlai
上去 shàngqu	下去 xiàqu	出去 chūqu	进去 jìnqu	过去 guòqu	回去 huíqu	

1) 下课了，学生们都走出去了。
　　Xiàkè le, xuéshengmen dōu zǒuchūqu le.

2) 突然有事情，他昨天没有回来。
　　Tūrán yǒu shìqing, tā zuótiān méiyǒu huílai.

3) 现在请大家站起来！
　　Xiànzài qǐng dàjiā zhànqǐlai!

下课 xiàkè 授業が終わる
突然 tūrán 急に
大家 dàjiā みんな
站 zhàn 立つ

1 発音を聞いて簡体字かピンインを書きなさい。

(1) yóulái　(2) 电影院　(3) xiǎochī　(4) 说话

(5) jìnlai　(6) 街　(7) nèiróng　(8) 有意思

2 音声を聞いて [　　] から語を選び、文を完成しなさい。

(1) 明天下（　　）课，我（　　）你去看电影。

(2) 你刚才说（　　）中文我没有（　　）。

(3) 他（　　）很喜欢这儿的（　　）。

(4) 今天我（　　）学校里（　　）他了。

好像　了　看见　请　听懂　小吃街　在　的

3 日本語の意味になるように [　　] 内の語句を並べ替えて文を作りなさい。

(1) 午後授業が終わったら私たちはすぐに買い物に行きます。
[课　下午　了　立刻　去　我们　东西　下　买]

(2) 今日の授業の内容はあなたたちには全部聞いてわかったでしょう。
[吧　上课　今天　了　你们　听懂　都　内容　的]

*上课 shàngkè：授業する、授業に出る

(3) あなたたち話すのをやめてください。（私たち）映画を見ましょう。
[电影　说话　看　了　你们　别　我们　吧]

(4) 先生が教室に入ってきました。あなたたちみんな立ちなさい。
[起来　教室　老师　来　了　你们　都　进　站]

4 次のピンインの文を簡体字に直し、日本語に訳しなさい。

(1) Chīle xiǎochī wǒmen qù xiǎochī jiē pángbiān de diànyǐngyuàn kàn diànyǐng ba.

....

(2) Nǐ kànkan, wǒ de míngzi shì zhè sān ge zì, nǐ búyào xiěcuò.

....

(3) Nǐ shuō de huà tā hǎoxiàng méiyǒu tīngdǒng, nǐ zài shuō yí biàn ba.

....

(4) Xiànzài wàimiàn xià dàyǔ, dàjiā dōu bù xiǎng chūqu.

....

★下の語を使って会話練習をしなさい。

A: 今天我请你看电影。

B: 行。看完电影我请你吃 ....。

小笼包 xiǎolóngbāo
ショーロンポー

火锅 huǒguō
火鍋

北京烤鸭 běijīng kǎoyā
北京ダック

汉堡包 hànbǎobāo
ハンバーガー

比萨饼 bǐsàbǐng
ピザ

意大利面 yìdàlìmiàn
スパゲッティ

世界遺産で知る中国
龍門石窟
と
少林寺

河南省では洛陽の龍門石窟、安陽の殷墟、登封の嵩山歴史建築群（少林寺など）が世界遺産に登録されています。龍門石窟は大同の雲崗石窟、敦煌の莫高窟とともに「中国三大石窟」のひとつに数えられています。ここでは観光客に人気がある龍門石窟の中の奉先寺洞の石仏と少林寺拳法として日本人になじみのある少林寺を中心に紹介します。

龍門石窟

壁の模様のように見えるが、実は壁面に彫られた小さな石仏たちだ！

対岸から見た龍門石窟

龍門石窟は黄河の支流・伊河の両岸1kmにわたって彫られている。何とも壮観だ！

龍門石窟 （龙门石窟 Lóngmén shíkū）
龍門石窟の象徴ともいえる奉先寺洞。造営にあたって中国史上唯一の女帝として名高い則天武后が大金を寄進した。

奉先寺廬舎那仏
（奉先寺卢舍那佛 Fèngxiānsì Lúshěnàfó）
高さが17mあり、眉目秀麗な顔立ちは本当に美しい！則天武后がモデルといわれていたが、今では否定されている。

少林寺

少林寺 （少林寺 Shàolínsì）
洛陽の東南70kmに位置する嵩山の麓に建つ495年創建の禅寺。隋代に「少林寺」と名付けられた。少林拳発祥の地としても有名。僧徒に対してすさまじい修行を行っていた。

少林拳 （少林拳 Shàolínquán）
少年僧たちが修行の一環、自衛の手段として激しい武術の鍛錬を受ける。なお、しばしば誤解されるが日本の少林寺拳法は、この少林拳とは別物だ。

少林寺歴代僧侶の墓地。広大な敷地の中に大小240あまりのレンガ造りの芸術的な墓塔が林立している。

迟到
Chídào

🔊 69 ● Aさんはバイトとしてラサボタラ宮の映像編集の仕事を依頼され，
毎晩遅くまで作業を続けている。

10

A 今天 我 又 被 老师 批评 了。
Jīntiān wǒ yòu bèi lǎoshī pīpíng le.

B 为什么？
Wèishénme?

A 我 又 迟到 了。
Wǒ yòu chídào le.

B 你 最近 迟到 的 次数 越来越 多 了。
Nǐ zuìjìn chídào de cìshù yuèláiyuè duō le.

A 没 办法，晚上 睡 得 晚，早上 起不来。
Méi bànfǎ, wǎnshang shuì de wǎn, zǎoshang qǐbulái.

B 那个《布达拉宫》的 视频 还 没 做完 吗？
Nàge « Bùdálāgōng » de shìpín hái méi zuòwán ma?

A 还 没有，不过 快 做完 了。
Hái méiyǒu, búguò kuài zuòwán le.

B 做完 以后，你 就 应该 早 睡 早 起 了。
Zuòwán yǐhòu, nǐ jiù yīnggāi zǎo shuì zǎo qǐ le.

A 我 也 这么 想。
Wǒ yě zhème xiǎng.

🔊 70 🐼 新出語句

□ 又 yòu 副 また
□ 被 bèi 前 〜される
□ 批评 pīpíng 動 叱る
□ 为什么 wèishénme 疑 なぜ
□ 次数 cìshù 名 回数
□ 越来越 yuèláiyuè ますます〜
□ 办法 bànfǎ 名 方法

□ 睡 shuì 動 眠る
□ 晚 wǎn 形 晚い
□ 起不来 qǐbulái 起きられない
□ 布达拉宫 Bùdálāgōng
　　　　　　 名 ポタラ宮
□ 视频 shìpín 名 ビデオ
□ 做完 zuòwán 動 終える

□ 不过 búguò 接 でも、しかし
□ 快〜了 kuài〜le まもなく〜
□ 就 jiù 副 それで
□ 应该 yīnggāi 助動 〜すべきだ
□ 这么 zhème 副 このように
□ 想 xiǎng 動 思う

ポイント

1 受け身

1) 小李被选为我们班的班长了。
   Xiǎo Lǐ bèi xuǎnwéi wǒmen bān de bānzhǎng le.

2) 我的笔记本电脑让他借走了。
   Wǒ de bǐjìběn diànnǎo ràng tā jièzǒu le.

> 选为 xuǎnwéi ～に選ばれる
> 班长 bānzhǎng 級長
> 笔记本电脑 bǐjìběn diànnǎo ノートパソコン

3) 他昨天叫老师批评了。
   Tā zuótiān jiào lǎoshī pīpíng le.

2 "越来越"「ますます～」

1) 科学技术越来越进步。
   Kēxué jìshù yuèláiyuè jìnbù.

> 科学技术 kēxué jìshù 科学技術
> 进步 jìnbù 進歩する

2) 你的字越来越漂亮了。
   Nǐ de zì yuèláiyuè piàoliang le.

3) 我学的中文单词越来越多了。
   Wǒ xué de Zhōngwén dāncí yuèláiyuè duō le.

3 可能補語

起来　　起得来　　起不来
qǐlai　　qǐdelái　　qǐbulái

1) 明天早上五点你起得来吗？
   Míngtiān zǎoshang wǔ diǎn nǐ qǐdelái ma?

2) 我说的话你听得懂吗？
   Wǒ shuō de huà nǐ tīngdedǒng ma?

3) 他离我太远，我看不见他。
   Tā lí wǒ tài yuǎn, wǒ kànbujiàn tā.

4 **"快～了"** 「まもなく～」

1) 快放假了，你有什么计划？
   Kuài fàngjià le, nǐ yǒu shénme jìhuà?

2) 我的钱快花光了。
   Wǒ de qián kuài huāguāng le.

3) 快考试了，你们加油吧。
   Kuài kǎoshì le, nǐmen jiāyóu ba.

计划 jìhuà 計画
花光 huāguāng 使い果たす
考试 kǎoshì 試験を受ける / する
加油 jiāyóu 頑張る

5 **助動詞 "应该"** 「～すべきだ」

1) 学生应该好好学习。
   Xuésheng yīnggāi hǎohāo xuéxí.

2) 你们不应该迟到。
   Nǐmen bù yīnggāi chídào.

3) 我们都应该尊重别人的意见。
   Wǒmen dōu yīnggāi zūnzhòng biéren de yìjiàn.

好好 hǎohāo ちゃんと
尊重 zūnzhòng 尊重する
别人 biéren 他の人

1 発音を聞いて簡体字かピンインを書きなさい。

73

(1) búguò   (2) 这么   (3) shìpín   (4) 睡

....

(5) pīpíng   (6) 办法   (7) kuài   (8) 又

....

2 音声を聞いて □ から語を選び、文を完成しなさい。

74

(1) 昨天他（   ）有做作业，今天（   ）老师批评了。

(2) 早上五点出发太（   ），我起（   ）来。

(3) 学校（   ）考试（   ），你复习了吗？

(4) 天气（   ）冷，你（   ）注意身体。

越来越　了　快　不　叫　早　应该　没

3 日本語の意味になるように [   ] 内の語句を並べ替えて文を作りなさい。

(1) 科学がますます進歩し、人々はますます忙しくなった。
[越来越　进步　科学　忙　了　越来越　人们]

....

(2) あなたの中国語の話し方が早すぎて私は聞いてわかりません。
[听不懂　中文　你　我　说　太　得　说　快]

....

(3) 彼は遅刻の回数があまりにも多いので、先生から何回も叱られました。
[老师　他　的　太　多　被　批评　很多　次　迟到　次数　过]

....

(4) まもなく試験です。あなたたちは学んだ単語を復習すべきです。
[学　快　过　单词　应该　的　了　考试　复习　你们]

....

4 次のピンインの文を簡体字に直し、日本語に訳しなさい。

(1) Nǐ zuòwán shìpín yǐhòu, jiù yīnggāi zǎo shuì zǎo qǐ le.

....

(2) Xīngqīsān wǒ cóng túshūguǎn jièlái de shū bèi tā jièzǒu le.

....

(3) Nǐ xiě de zì yuèláiyuè piàoliang, wǒ yě xiǎng liànxí xiě zì le. *liànxí 练习：練習する

....

(4) Míngtiān zǎoshang liù diǎn chūfā qù Bùdálāgōng, nǐ qǐdelái ma?

....

★下の語を使って会話練習をしなさい。

A: 我的 .... 呢？

B: 你的 .... 被他吃 / 喝了。

苹果 píngguǒ
リンゴ

葡萄 pútao
葡萄

西瓜 xīguā
スイカ

香蕉 xiāngjiāo
バナナ

橙汁 chéngzhī
オレンジジュース

绿茶 lùchá
緑茶

世界遺産で知る中国

ラサのポタラ宮

ダライ・ラマの宮殿であるポタラ宮は、世界の屋根ともいわれるチベット高原の中心・標高3700mのラサ市に建てられています。宮殿の歴史は古く、7世紀までさかのぼりますが、現在の姿になったのは17世紀です。現在、ポタラ宮、ジョカン（大昭寺）、ノルブリンカ宮（夏の離宮）が世界遺産に登録されています。

ラサ市

ポタラ宮（布达拉宫 Bùdálāgōng）

丘の上に建つ観音菩薩の化身であるダライ・ラマの宮殿。高さ117m、地上13階建てでその巨大さに圧倒される。部屋数もおよそ2000あるといわれ、建物単体としては世界最大級。

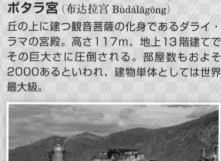

ジョカン
（大昭寺 Dàzhāosì）

7世紀創建のチベット仏教の聖地。正門の前で五体投地を繰り返しつつ祈る熱心な仏教徒の姿からは、信仰の強さが伺える。

ジョカン（大昭寺）からはるか向こうに見えるポタラ宮。ポタラ宮は町のどこからでも見ることができるラサのシンボルだ。

五体投地
（五体投地 wǔtǐtóudì）

両膝、両肘、額を地につけて祈る五体投地を行いながら前へ進み、聖地を巡礼する熱心な仏教徒。ジョカンを目指してこの姿勢で何ヶ月もかけ、何百キロも来たらしく、そのパワーは驚きだ！

チベットの絵師。仏教に関する人物や曼荼羅などを繊細で緻密に描く。

チベット族（藏族）の素朴で明るい子供たち。眼が輝いていて可愛い。

美しいチベットの大草原。そして青い空に白い雲。チベットの雄大な自然は本当に感動的だ！

バター茶。お茶にヤクのバター、少しの塩と牛乳を入れて作る。

打 八 折
Dǎ bā zhé

11

●レストランで。

A 这 家 餐厅 菜 很 好吃, 正宗 鲁菜。
Zhè jiā cāntīng cài hěn hǎochī, zhèngzōng Lǔcài.

B 就是 价钱 有点儿 贵。
Jiùshì jiàqian yǒudiǎnr guì.

A 没 错。 但是 今天 打 八 折。
Méi cuò. Dànshì jīntiān dǎ bā zhé.

B 是 吗? 那 咱们 运气 不错。
Shì ma? Nà zánmen yùnqi búcuò.

A 欸, 你 不 觉得 这个 餐厅 有点儿 冷 吗?
Éi, nǐ bù juéde zhège cāntīng yǒudiǎnr lěng ma?

B 的确 不 暖和。
Díquè bù nuǎnhuo.

A 咱们 让 服务员 开开 空调 吧。
Zánmen ràng fúwùyuán kāikai kōngtiáo ba.

B 好, 我 去 告诉 服务员。
Hǎo, wǒ qù gàosu fúwùyuán.

 新出語句

- □ 家 jiā 〔量〕軒
- □ 餐厅 cāntīng 〔名〕レストラン
- □ 好吃 hǎochī 〔形〕美味しい
- □ 正宗 zhèngzōng 〔形〕本場の、正統の
- □ 鲁菜 Lǔcài 〔名〕山東料理

- □ 就是 jiùshì 〔副〕ただ～
- □ 价钱 jiàqian 〔名〕値段
- □ 有点儿 yǒudiǎnr 〔副〕少し
- □ 打折 dǎzhé 〔動〕値引きする
- □ 运气 yùnqi 〔名〕運
- □ 不错 búcuò 〔形〕素晴らしい

- □ 觉得 juéde 〔動〕感じる
- □ 的确 díquè 〔副〕確かに
- □ 让 ràng 〔動〕～に…をさせる
- □ 服务员 fúwùyuán 〔名〕サービス係
- □ 开 kāi 〔動〕（電気などを）つける
- □ 空调 kōngtiáo 〔名〕エアコン

ポイント

1 主述述語文

主語 ＋ 述語〔主語 ＋ 述語（形容詞・動詞句）〕

咱们　　　　　运气　不错。
Zánmen　　　　yùnqi　búcuò.

1) 我今天头疼。
Wǒ jīntiān tóu téng.

2) 中国人口很多。
Zhōngguó rénkǒu hěn duō.

3) 这个手机价钱太贵。
Zhège shǒujī jiàqian tài guì.

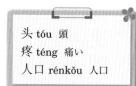

头 tóu 頭
疼 téng 痛い
人口 rénkǒu 人口

2 "有点儿"「少し」

1) 这件衣服有点儿大。
Zhè jiàn yīfu yǒudiǎnr dà.

2) 我今天有点儿不舒服。
Wǒ jīntiān yǒudiǎnr bù shūfu.

3) 我觉得这个菜有点儿辣。
Wǒ juéde zhège cài yǒudiǎnr là.

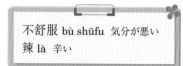

不舒服 bù shūfu 気分が悪い
辣 là 辛い

3 離合動詞

1) 我每天睡八个小时觉。
Wǒ měi tiān shuì bā ge xiǎoshí jiào.

2) 我跟他见过两次面。
Wǒ gēn tā jiànguo liǎng cì miàn.

3) 她跳舞跳得很好。
Tā tiàowǔ tiào de hěn hǎo.

睡觉 shuìjiào 寝る
见面 jiànmiàn 会う
跳舞 tiàowǔ 踊る

4 　反語（強調表現）

1)　风景那么美，你不想去那儿旅行吗？
Fēngjǐng nàme měi, nǐ bù xiǎng qù nàr lǚxíng ma?

2)　你不知道这个东西贵吗？
Nǐ bù zhīdào zhège dōngxi guì ma?

3)　他现在不幸福吗？
Tā xiànzài bú xìngfú ma?

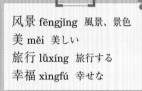

风景 fēngjǐng　風景、景色
美 měi　美しい
旅行 lǚxíng　旅行する
幸福 xìngfú　幸せな

5 　使役文

1)　让我自我介绍一下吧。
Ràng wǒ zìwǒ jièshào yíxià ba.

2)　老师常常叫学生背课文。
Lǎoshī chángcháng jiào xuésheng bèi kèwén.

3)　您的话使我们非常感动。
Nín de huà shǐ wǒmen fēicháng gǎndòng.

自我介绍 zìwǒ jièshào　自己紹介する
一下 yíxià　ちょっと～
常常 chángcháng　時々
背 bèi　暗唱する
课文 kèwén　（教科書の）本文
感动 gǎndòng　感激する

1 発音を聞いて簡体字かピンインを書きなさい。

79

(1) jiàqian　　　　(2) 不错　　　　(3) fúwùyuán　　　　(4) 觉得

....　.......................　.......................　.......................

(5) cāntīng　　　　(6) 好吃　　　　(7) yùnqi　　　　(8) 开开

....　.......................　.......................　.......................

2 音声を聞いて　☐　から語を選び、文を完成しなさい。

80

(1) 你（　　　　）觉得这里的菜好吃（　　　　）?

(2) 这（　　　　）餐厅价钱（　　　　）贵。

(3) 这里的东西（　　　　）吗? ——打（　　　　）。

(4) 客人（　　　　）服务员（　　　　）空调。　　　*客人 kèren：お客さん

| 让　打折　家　不　有点儿　五折　开　吗 |

3 日本語の意味になるように [　] 内の語句を並べ替えて文を作りなさい。

(1) あのレストランは従業員の態度がよい。
　[服务员　家　餐厅　的　好　那　态度　很]　　　*态度 tàidù：態度

....

(2) 私の運はなかなかいいと思いませんか。
　[我　觉得　不　的　不错　吗　你　运气]

....

(3) 今日食事したレストランは少し寒かった。
　[餐厅　今天　冷　吃饭　有点儿　的]

....

(4) 私は彼に明日李先生に会いに行くように言いました。
　[明天　叫　见　去　李　我　他　老师]

....

4 次のピンインの文を簡体字に直し、日本語に訳しなさい。

(1) Wǒ juéde cāntīng yǒudiǎnr lěng, jiù jiào fúwùyuán kāile kōngtiáo.

....

(2) Wǒ rènshi nǐmen xuéxiào de Wáng lǎoshī, wǒmen jiànguo sān cì miàn.

....

(3) Qǐng ràng wǒ gěi nǐmen liǎng wèi jièshào yíxià zhèli de qíngkuàng.

*liǎng wèi 两位：お2人　*qíngkuàng 情况：状況

....

(4) Jīntiān wǒmen chī de Zhōngguó cài nǐ bù juéde hǎochī ma?

....

★下の語を使って会話練習をしなさい。

A: 他（她）为什么不高兴了？

B: 对不起，我让他（她）................................... 了。

吃惊 chījīng
ビックリする

失望 shīwàng
失望

害怕 hàipà
怖い

伤心 shāngxīn
悲しい

担心 dānxīn
心配する

生气 shēngqì
怒る

11

世界遺産で知る中国

武夷山

武夷山は福建省に位置し、中国最大の面積を誇る世界遺産です。36の峰からなり、現在確認されているだけでも、450種類以上の脊椎動物や5000種以上の昆虫など、多くの貴重な生物が生息しています。また、「山水の名勝」とも呼ばれ、特に峰々の間を走る九曲渓から見渡す山水の風景は多くの人々を魅了し続けています。ここでは武夷山の美しい風景を中心に紹介します。

武夷山（武夷山 Wǔyíshān）
武夷山一美しいと名高い天游峰山頂から見下ろした九曲渓のパノラマ。急激に曲がる水色の河は大蛇のようにも見える。他では絶対に見ることができない山水の奇観だ！

大王峰
（大王峰 Dàwángfēng）

「武夷山のヒーロー」と呼ばれている。頭ひとつ高く出ていて、何とも目立ちたがり屋だ！

武夷山

九曲渓（九曲渓 Jiǔqǔxī）筏下り
九曲渓の筏下りは武夷山観光の目玉のひとつ。全長約9kmを竹の筏に乗って川を下りながらのんびりと山水の景色を楽しめる。

玉女峰（玉女峰 Yùnǚfēng）
「武夷山のヒロイン」と呼ばれている。とても美しく、川で隔てられている大王峰との間には何とラブストーリーがあった！

蛙石
（青蛙石 Qīngwāshí）

蛙のような形をした石。九曲渓筏下りの最初（九曲）にあり、武夷山の名物になっている。

五曲幼渓津
（五曲幼渓津 Wǔqǔyòuxījīn）
九曲渓筏下りのほぼ中間地点。

晒布岩
（晒布岩 Shàibùyán）

幅が約600m、高さも約200mあり、アジアで最も大きな一枚岩らしい。

武夷山の奇岩

形から「巨無霸漢堡包（ビッグマックハンバーガー）」と呼ばれている。

我 也 一样
Wǒ yě yíyàng

●麗江を観光して。
81

A 这儿 的 风景 太 美 了!
　 Zhèr de fēngjǐng tài měi le!

B 只要 是 世界 遗产, 就 都 能 给 人 美 的
　 Zhǐyào shì shìjiè yíchǎn, jiù dōu néng gěi rén měi de

　 享受。
　 xiǎngshòu.

A 我 想 把 中国 的 世界 遗产 都 看 一 遍。
　 Wǒ xiǎng bǎ Zhōngguó de shìjiè yíchǎn dōu kàn yí biàn.

B 那 你 不但 要 有 时间, 而且 还 要 有 钱。
　 Nà nǐ búdàn yào yǒu shíjiān, érqiě hái yào yǒu qián.

A 我 最 缺少 的 不是 这些, 而是……
　 Wǒ zuì quēshǎo de búshì zhèxiē, érshì……

B 而是 关于 世界 遗产 的 历史 知识 吧。
　 Érshì guānyú shìjiè yíchǎn de lìshǐ zhīshi ba.

A 你 怎么 那么 了解 我?
　 Nǐ zěnme nàme liǎojiě wǒ?

B 因为 我 也 一样。
　 Yīnwèi wǒ yě yíyàng.

82 新出語句

□ 只要～就… zhǐyào～jiù… ～しさえすれば、それで…
□ 享受 xiǎngshòu [動]楽しむ
□ 把 bǎ [前]～を
□ 不但～而且… búdàn～érqiě…
　　　　　　～ばかりでなく、しかも…
□ 要 yào [助動]～しなければならない
□ 缺少 quēshǎo [動]足りない

□ 不是～而是… búshì～érshì… ～ではなく…だ
□ 关于 guānyú [前]～について
□ 知识 zhīshi [名]知識
□ 那么 nàme [副]あんなに、そんなに
□ 了解 liǎojiě [動]知っている
□ 因为 yīnwèi [接]～なので

ポイント

1　"只要~就…"「~しさえすれば、それで…」

1)　大家只要努力，就可以成功。
Dàjiā zhǐyào nǔlì, jiù kěyǐ chénggōng.

2)　只要你同意，我们就开始行动。
Zhǐyào nǐ tóngyì, wǒmen jiù kāishǐ xíngdòng.

3)　只要有希望，你就应该继续下去。
Zhǐyào yǒu xīwàng, nǐ jiù yīnggāi jìxù xiàqu.

> 努力 nǔlì 努力する
> 成功 chénggōng 成功する
> 同意 tóngyì 同意する
> 行动 xíngdòng 行動する
> 希望 xīwàng 望み
> 继续 jìxù 続ける

2　处置文

主語 ＋ 把 ＋ 目的語 ＋ 動詞 ＋ 補語 など
我 想 把 中国 的 世界 遗产 都 看 一 遍。
Wǒ xiǎng bǎ zhōngguó de shìjiè yíchǎn dōu kàn yí biàn.

1)　你们把问题解决了吗？
Nǐmen bǎ wèntí jiějué le ma?

2)　她把这个消息告诉我了。
Tā bǎ zhège xiāoxi gàosu wǒ le.

3)　他没有把自己的工作做完。
Tā méiyǒu bǎ zìjǐ de gōngzuò zuòwán.

> 解决 jiějué 解決する
> 消息 xiāoxi 情報
> 自己 zìjǐ 自分

3　"不但~而且…"「~ばかりでなく、しかも…」

1)　他不但会中文，而且还会英文和法文。
Tā búdàn huì Zhōngwén, érqiě hái huì Yīngwén hé Fǎwén.

2)　这里不但交通方便，而且环境也很好。
Zhèli búdàn jiāotōng fāngbiàn, érqiě huánjìng yě hěn hǎo.

3)　这个手机不但价钱便宜，而且质量也不错。
Zhège shǒujī búdàn jiàqian piányi, érqiě zhìliàng yě búcuò.

> 交通 jiāotōng 交通
> 方便 fāngbiàn 便利な
> 环境 huánjìng 環境
> 质量 zhìliàng 品質

4 **助動詞"要"** 「〜しなければならない」 **"不要"は禁止** 「〜するな」

1) 你们一定要遵守规则。
   Nǐmen yídìng yào zūnshǒu guīzé.

2) 你要好好学习，不要浪费时间。
   Nǐ yào hǎohāo xuéxí, bú yào làngfèi shíjiān.

3) 遇到困难，要想办法克服。
   Yùdào kùnnan, yào xiǎng bànfǎ kèfú.

遵守 zūnshǒu 守る
规则 guīzé ルール
浪费 làngfèi 無駄にする
困难 kùnnan 困難
克服 kèfú 克服する

5 **"不是〜而是…"** 「〜ではなく、…だ」

1) 你不是不聪明，而是不认真。
   Nǐ búshì bù cōngming, érshì bú rènzhēn.

2) 我不是不想去，而是没有时间去。
   Wǒ búshì bù xiǎng qù, érshì méiyǒu shíjiān qù.

3) 大家这样做不是为了自己，而是为了社会。
   Dàjiā zhèyàng zuò búshì wèile zìjǐ, érshì wèile shèhuì.

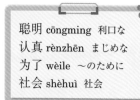
聪明 cōngming 利口な
认真 rènzhēn まじめな
为了 wèile 〜のために
社会 shèhuì 社会

練習問題

1 発音を聞いて簡体字かピンインを書きなさい。

85

(1) quēshǎo　　(2) 知识　　(3) zhǐyào　　(4) 关于

_____　　_____　　_____　　_____

(5) érqiě　　(6) 了解　　(7) xiǎngshòu　　(8) 那么

_____　　_____　　_____　　_____

2 音声を聞いて [ ] から語を選び、文を完成しなさい。

86

(1) (　　　) 有时间他 (　　　　) 去游览世界遗产。　　*游览 yóulǎn：見物する

(2) 他 (　　　) 以前学过的单词复习了 (　　　)。

(3) (　　　) 能给人美的享受，(　　　) 能增长知识。　　*增长 zēngzhǎng：増やす

(4) 你学 (　　　) 中文 (　　　) 常常说，常常练习。

　　　了　　两遍　　只要　　不但　　要　　而且　　把　　就

3 日本語の意味になるように [ ] 内の語句を並べ替えて文を作りなさい。

(1) 君たちは努力しさえすれば、仕事が上手くいきます。
　　[努力　只要　你们　把　做好　就　工作　能]

_____

(2) 彼の中国語は発音が上手なだけでなく、文法も正確です。
　　[的　他　中文　语法　好　而且　正确　发音　不但　也]

　　　　　　*发音 fāyīn：発音　　*正确 zhèngquè：正確

_____

(3) 世界遺産は一部の人のものではなく、全人類の財産です。
　　[人类　遗产　是　的　而是　不　全　的　财产　世界　人　一部分]

　　　*全 quán：全体の　*人类 rénlèi：人類　*财产 cáichǎn：財産　*一部分 yíbùfen：一部

_____

(4) 李さんはその情報を私に知らせませんでした。
　　[没有　那个　小　告诉　把　我　李　消息]

_____

4 次のピンインの文を簡体字に直し、日本語に訳しなさい。

(1) Wǒ búshì bù xiǎng bāngzhù nǐ, érshì méiyǒu lìliang bāngzhù nǐ.

*bāngzhù 帮助：助ける　*lìliang 力量：力

(2) Zhè jiàn shìqing wǒ búdàn bù tóngyì, érqiě jiānjué fǎnduì.

*jiānjué 坚决：断固として　*fǎnduì 反对：反対する

(3) Wǒ xīwàng nǐmen néng bǎ xuéguo de dōngxi dōu jìzhù.　*jìzhù 记住：記憶する

(4) Wǒmen yídìng yào nǔlì bǎohù shìjiè yíchǎn.　*bǎohù 保护：保護する

★下の語を使って会話練習をしなさい。

A: 你最想喝的是 .... 吗？

B: 我最想喝的不是 ...., 而是 ....。

矿泉水 kuàngquánshuǐ
ミネラル・ウォーター

牛奶 niúnǎi
牛乳

酸奶 suānnǎi
ヨーグルト

可乐 kělè
コーラ

咖啡 kāfēi
コーヒー

红茶 hóngchá
紅茶

世界遺産で知る中国

麗江古城

麗江は雲南省の省都・昆明の北西640km、標高2400mに位置し、宋代末期の1126年、少数民族のナシ（納西）族によって建設された町です。ナシ族は世界で唯一生きた象形文字・トンパ（東巴）文字を使い、独自の文化と宗教をもつ民族です。ここでは麗江古城の歴史と文化を感じられる家並みに加えて、ナシ族の聖山・玉龍雪山なども紹介します。

麗江古城

麗江古城（丽江古城 Lìjiāng gǔchéng）

入口に設置されている古城水車。麗江は「水の都」ともいわれる。

（高所から見た）麗江古城の家並み

黒い屋根瓦の木造家屋が何と3000軒も連なっている古民家群。高所から見下ろすと壮観だ。さすがに中国広しといえどもこれほど大規模のものはないらしい！

石畳の路地、玉龍雪山の清らかな雪解け水が流れる水路、明・清時代の建築物が数多く残っている。町の美しさに見とれてしまうと水路に落ちてしまう！

玉龍雪山
（玉龙雪山 Yùlóngxuěshān）
麗江の北にそびえるナシ族の聖山（標高5,596m）。いつも雲や霧に覆われ、万年雪を抱いた美しい姿はなかなか見ることができない！

心想事成

トンパ（東巴）文字
（东巴文字 Dōngbā wénzì）
世界で唯一の生きた象形文字として「ユネスコ世界の記憶」に登録されている。

茶馬古道
（茶马古道 Chámǎgǔdào）
麗江は雲南のお茶をチベットに運んだ交易の中継地点。お茶と馬を交換したところから名付けられたという。

小小的建议

这个课本快学完了。最后，给你一个小小的建议：把每一课的课文都背下来。

背课文可以让你记住单词和理解语法，这是一个复习汉语的好方法。如果你能做到，你的汉语能力就会有更大的提高。

希望你学好汉语，也希望你来中国旅游。中国的世界遗产等着你的到来。

Xiǎoxiǎo de jiànyì

Zhè ge kèběn kuài xuéwán le. Zuìhòu, gěi nǐ yí ge xiǎoxiǎo de jiànyì: Bǎ měi yí kè de kèwén bèixiàlai.

Bèi kèwén kěyǐ ràng nǐ jìzhù dāncí hé lǐjiě yǔfǎ, zhè shì yí ge fùxí Hànyǔ de hǎo fāngfǎ. Rǔguǒ nǐ néng zuòdào, nǐ de Hànyǔ nénglì jiù huì yǒu gèngdà de tígāo.

Xīwàng nǐ xuéhǎo Hànyǔ, yě xīwàng nǐ lái Zhōngguó lǚyóu. Zhōngguó de shìjiè yíchǎn děngzhe nǐ de dàolái.

もっとある！
世界遺産で知る中国

悠久の歴史と広大な自然をもつ中国の世界遺産は2019年7月現在、文化遺産37ヶ所、自然遺産14ヶ所、複合遺産4ヶ所、合計で55ヶ所が登録されていて、中国はイタリアと並んで世界で1番多くの世界遺産をもつ国となっています。暫定リストも60件あり、中国は世界遺産の宝庫といえます。ここでは各課のコラムに掲載されなかった世界遺産の中で特に人気のある場所を紹介します。

★文化遺産　♣自然遺産　※（　）は世界遺産登録名

萩荘花園の丘の上にある「鼓浪嶼ピアノ博物館」。胡友義氏が寄贈したピアノコレクションが展示されています。

★**コロンス島（福建省）** 鼓浪嶼 Gǔlàngyǔ
（鼓浪嶼：歴史的共同租界）
「ピアノの島」と呼ばれていて、洋館もありロマンチックな雰囲気が漂う！

♣**虎跳峡（雲南省）** 虎跳峡 Hǔtiàoxiá
（雲南の三江併流保護区）
狭い渓谷を轟音ともにしぶきをあげながら流れる姿は圧巻！

★**雲崗石窟（山西省）** 云冈石窟 Yúngāng shíkū
（雲崗石窟）
雲崗石窟最大の第20屈。一見怖そう、でも目はやさしい！

石窟内の色鮮豊かな仏像。

★**外八廟（河北省）** 外八庙 Wàibāmiào
（承徳の避暑山荘と外八廟）
チベット仏教寺院群のひとつ普寧寺。チベット支配は重
要だった！

★**京杭大運河（写真は杭州市）** 大运河 Dàyùnhé
（大運河）
隋の時代に造られ、総延長2500kmに及ぶ。
とてつもない長さだ！

★**五台山（山西省）**
五台山 Wǔtáishān（五台山）
仏教の聖地。多くの高僧が修行した。空気が澄んでいて心が
洗われる。

★**青城山（四川省）** 青城山 Qīngchéngshān

（青城山と都江堰）
道教発祥の地。日
本ではなじみが薄
いが多くの道士が
修行をしている。

♣**ジャイアントパンダ（四川省）**
大熊猫 Dàxióngmāo（四川ジャイアントパンダ保護区群）
日本でもおなじみのジャイアントパンダ。
世界一のアイドルだ！

★**定陵（北京市）** 定陵 Dìnglíng
（明・清の皇帝陵墓群）
明14代皇帝・万暦帝の陵墓。6年の歳月と国家予算の
2年分を費やした。皇帝の権力はけた違いだ！

定陵の地下宮殿
地下宮殿もあり、古墳の地下まで豪華絢爛！

★**瀋陽故宮（遼寧省）** 沈阳故宫 Shěnyáng Gùgōng
（明・清王朝皇宮）
清朝初期の皇宮。
大政殿は女真族の移動式テント・ゲルに似せたらしい。

★**平遙古城（山西省）** 平遥古城 Píngyáo gǔchéng
（平遙古城）

高い城壁で囲まれている
山西商人の拠点。
山西商人は商才に
長けていた！

★福陵（遼寧省） 福陵 Fúlíng
（明・清の皇帝陵墓群）
清の太祖・ヌルハチの陵墓。とても壮観だ！

ヌルハチの宝城（墳墓）
奥に見える土を盛り上げた小山が墳墓。
陵墓の最奥部に存在する。

♣天池（新疆ウイグル自治区） 天池 Tiānchí（新疆天山）
湖と山と空、まるで一枚の絵のようだ。「中国のスイス」と
呼ぶ人もいるが、それも納得だ。

♣石林（雲南省） 石林 Shílín（中国南方カルスト）
その名の通りまさしく石の林。「天下一の奇観」と呼ば
れるのもうなずける。

甲骨文字

★殷墟（河南省）
殷墟 Yīnxū（殷墟）
中国最古の殷王朝
の王都。甲骨文字
で有名。

商代晩期の車馬坑

★廬山（江西省）
廬山 Lúshān
（廬山国立公園）
「匡廬の奇秀、天下に甲
たり」と称えられ、景
観の奇抜さで有名。

殷墟のシンボル的存在の司母戊鼎（レプリカ）。
高さが133cm、重量も832kgある。

电影院 diànyǐngyuàn　映画館	9課	新
弟弟 dìdi　弟	4課	練
的确 díquè　確かに	11課	新
地铁站 dìtiězhàn　地下鉄の駅	8課	ポ
东京 Dōngjīng　東京	5課	ポ
冬天 dōngtiān　冬	5課	練
东西 dōngxi　品物	2課	ポ
都 dōu　みんな	5課	ポ
短 duǎn　短い	3課	練
对 duì　はい、そのとおり	5課	新
对策 duìcè　対策	8課	ポ
敦煌 Dūnhuáng　敦煌	6課	新
多大 duō dà　何歳か	5課	新
多 duō　多い	5課	練
多少 duōshao　いくつ、いくら	3課	新

E

欸 éi　ねえ、あのさ	9課	新
二 èr　二	3課	新

F

反对 fǎnduì　反対する	12課	練
方便 fāngbiàn　便利な	12課	ポ
放假 fàngjià　休みになる	7課	ポ
发生 fāshēng　起こる	9課	ポ
发音 fāyīn　発音	12課	練
非常 fēicháng　非常に	3課	新
风景 fēngjǐng　風景、景色	11課	ポ
服务员 fúwùyuán　サービス係	11課	新
复习 fùxí　復習する	7課	ポ

G

干 gàn　〜する	2課	新
感动 gǎndòng　感激する	11課	ポ
刚才 gāngcái　先ほど	8課	ポ
钢琴 gāngqín　ピアノ	6課	ポ
高 gāo　高い	5課	新
高尔夫球 gāo'ěrfūqiú　ゴルフ	6課	練
告诉 gàosu　告げる	7課	ポ
哥哥 gēge　兄	4課	ポ
给 gěi　〜に、〜のために	8課	新
给 gěi　あげる、くれる	7課	練
跟 gēn　〜と、〜について	6課	新
歌手 gēshǒu　歌手	1課	練
公分 gōngfēn　センチメートル	5課	新

公交车 gōngjiāochē　路線バス	4課	新
公里 gōnglǐ　キロメートル	7課	ポ
公园 gōngyuán　公園	4課	ポ
工作 gōngzuò　仕事をする	6課	ポ
刮 guā　吹く	8課	ポ
关于 guānyú　〜について	12課	新
贵 guì　値段が高い	3課	新
规则 guīzé　ルール	12課	ポ
过 guo　〜したことがある	5課	新
国庆节 Guóqìngjié　国慶節	3課	練

H

还 hái　まだ	6課	ポ
害怕 hàipà　怖い	11課	練
还是 háishi　〜かそれとも…か	2課	新
还是 háishi　やはり	8課	新
汉堡包 hànbǎobāo　ハンバーガー	9課	練
汉语 Hànyǔ　中国語	7課	ポ
好 hǎo　よい、結構	2課	新
好吃 hǎochī　美味しい	11課	新
好好 hǎohāo　ちゃんと	10課	ポ
号码 hàomǎ　番号	7課	ポ
好像 hǎoxiàng　〜のようだ	9課	新
和 hé　と	5課	新
喝 hē　飲む	2課	ポ
红茶 hóngchá　紅茶	2課	ポ
厚 hòu　厚い	3課	練
画 huà　描く	7課	新
话 huà　話	9課	ポ
花店 huādiàn　花屋	5課	練
花光 huāguāng　使い果たす	10課	ポ
黄山 Huángshān　黄山	3課	新
环境 huánjìng　環境	12課	ポ
画儿 huàr　絵	7課	新
会 huì　〜できる	6課	新
会 huì　会議	4課	新
回家 huíjiā　帰宅する	3課	ポ
火锅 huǒguō　火鍋	9課	練
护士 hùshi　看護師	1課	練

J

几 jǐ　いくつ	4課	新
家 jiā　家	5課	新
家 jiā　軒	11課	新
见 jiàn　会う	4課	新
件 jiàn　枚、件	3課	新

索引

索引

新 xīn 新しい	3課	新
行 xíng よろしい	4課	新
姓 xìng 苗字は〜という	1課	新
行动 xíngdòng 行動する	12課	ポ
幸福 xìngfú 幸せな	11課	ポ
星期 xīngqī 週	4課	ポ
希望 xīwàng 望み	12課	ポ
选为 xuǎnwéi 〜に選ばれる	10課	ポ
学 xué 学ぶ	2課	ポ
学生 xuésheng 学生	3課	ポ
学习 xuéxí 勉強する	2課	ポ
学校 xuéxiào 学校	4課	ポ

Y

要 yào 〜しなければならない	12課	新
也 yě 〜も、また	2課	新
一 yī 一	3課	新
一点 yī diǎn 1時	4課	練
一部分 yíbùfen 一部	12課	練
遗产 yíchǎn 遺産	2課	新
意大利面 yìdàlìmiàn スパゲッティ	9課	練
衣服 yīfu 服	3課	新
意见 yìjiàn 意見	8課	ポ
已经 yǐjīng すでに	7課	新
应该 yīnggāi 〜すべきだ	10課	新
银行 yínháng 銀行	2課	練
因为 yīnwèi 〜なので	12課	新
音乐 yīnyuè 音楽	7課	ポ
一起 yìqǐ 一緒に	2課	新
医生 yīshēng 医者	1課	練
一下 yíxià ちょっと〜	11課	ポ
一样 yíyàng 同じ	5課	新
医院 yīyuàn 病院	2課	練
有 yǒu 〜ある、〜いる	4課	新
又 yòu また	10課	新
有意思 yǒu yìsi 面白い	9課	新
有点儿 yǒudiǎnr 少し	11課	新
邮局 yóujú 郵便局	2課	練
由来 yóulái 由来	9課	新
游览 yóulǎn 見物する	12課	練
游泳 yóuyǒng 水泳	7課	練
远 yuǎn 遠い	5課	練
预订 yùdìng 予約する	8課	ポ
越来越 yuèláiyuè ますます〜	10課	新
语法 yǔfǎ 文法	9課	ポ
羽毛球 yǔmáoqiú バドミントン	6課	練

运动 yùndòng 運動	7課	練
运气 yùnqi 運	11課	新

Z

再 zài 〜してから	9課	ポ
在 zài 〜で、〜に	4課	新
在 zài ある、いる	5課	新
在 zài 〜している	7課	新
咱们 zánmen 私たち(相手を含めていう)	2課	新
早 zǎo 早い	7課	ポ
杂志 zázhì 雑誌	3課	ポ
增长 zēngzhǎng 増やす	12課	練
怎么 zěnme どのように	4課	新
站 zhàn 駅	8課	練
站 zhàn 立つ	9課	ポ
张 Zhāng 張(苗字)	1課	新
朝日 zhāorì 朝日	7課	新
这 zhè この、これ	3課	新
这里 zhèli ここ	8課	ポ
这么 zhème このように	10課	新
真 zhēn 本当に	3課	新
正好 zhènghǎo ちょうど	2課	新
正确 zhèngquè 正確	12課	練
正宗 zhèngzōng 本場の、正統の	11課	新
这儿 zhèr ここ	8課	新
纸 zhǐ 紙	3課	ポ
质量 zhìliàng 品質	12課	ポ
知识 zhīshi 知識	12課	新
只要〜就… zhǐyào〜jiù… 〜しさえすれば、それで…	12課	新
重 zhòng 重い	3課	練
中国人 Zhōngguórén 中国人	1課	ポ
中文 Zhōngwén 中国語	2課	ポ
中午 zhōngwǔ 昼	2課	ポ
专业 zhuānyè 専攻	1課	新
桌子 zhuōzi テーブル	3課	新
字 zì 字	7課	ポ
自己 zìjǐ 自分	12課	ポ
子林 Zǐlín 子林(名前)	1課	新
自我介绍 zìwǒ jièshào 自己紹介する	11課	新
走 zǒu 行く、歩く	8課	ポ
最 zuì もっとも、一番	3課	新
最近 zuìjìn 最近	9課	ポ
遵守 zūnshǒu 守る	12課	新
尊重 zūnzhòng 尊重する	10課	ポ
坐 zuò 乗る	4課	新

索
引

著者紹介

山下輝彦
慶應大学名誉教授

黄　漢青
慶應大学非常勤講師

コラム執筆

杉本静夫
NPO法人 日中交流倶楽部理事長

デザイン・イラスト：小熊未央

写真提供　：杉本静夫

　　　　　　NPO法人 日中交流倶楽部

　　　　　　Shutterstock

　　　　　　許蓮花

　　　　　　張光禹

　　　　　　厳仙娥

行ってみよう！中国語への旅
世界遺産へようこそ

検印省略	© 2020 年 1 月 31 日　第 1 版　発行

著　者	山 下 輝 彦
	黄　漢　青

発行者	原　雅　久

発行所　　　　　　　　株式会社 朝 日 出 版 社
　　　　　〒 101-0065　東京都千代田区西神田 3-3-5
　　　　　　　　　　電話 (03) 3239-0271 (直通)
　　　　　　　　振替口座　東京 00140-2-46008
　　　　　　　　　　　　　欧友社／図書印刷